# THÉOPHRASTE

# RENAUDOT

### ET SES

## « INNOCENTES INVENTIONS »

#### PAR

### EUGÈNE HATIN

> « Me recognoissant né au bien
> public, j'y ai sacrifié le plus beau
> de mon aage, sans autre récom-
> pense que celle dont la vertu se
> paye par ses mains. »
>
> TH. RENAUDOT.

*POITIERS*

IMPRIMERIE OUDIN

4, RUE DE L'ÉPERON, 4

1883

# THÉOPHRASTE RENAUDOT

*Theophrastus Renaudot, Juliodunensis,*
*medicus et historiographus regius,*
*ætatis annó 58, salutis 1644.*

## AVANT-PROPOS

---

*Théophraste Renaudot est incontestablement une des plus remarquables figures du XVII<sup>e</sup> siècle. Honoré de la faveur de deux grands ministres ; Conseiller, Médecin ordinaire et Historiographe du roi ; Commissaire général des pauvres du royaume ; Maître et Intendant général des Bureaux d'adresse, il remplit Paris, pendant un quart de siècle, du bruit de ses œuvres et de ses luttes ; pendant un quart de siècle, sa maison fut un centre où affluait journellement une foule telle qu'en attira bien rarement la demeure d'un particulier.*

*Qui s'en doute aujourd'hui ? Ce rare esprit n'est guère connu que pour avoir donné à la France son premier journal, et encore, sous ce rapport-là même, l'est-il fort mal.*

*Mais ce n'est pas là, tant s'en faut, le seul titre*

qui recommande sa mémoire. Économiste éminent pour l'époque, il pressentit, le premier en France, la puissance de la publicité, qui faisait alors absolument défaut, et il la mit, sous toutes les formes que put lui suggérer son génie inventif, au service de ses contemporains. Philanthrope ardent, il dota la capitale d'un ensemble à peine croyable d'institutions qui rendirent alors d'immenses services.

Pour se faire une idée de cette œuvre vraiment merveilleuse de Renaudot, il faudrait pouvoir se figurer ce que serait la vie sociale si, par impossible, nous nous trouvions un beau matin sans journal, ni Bottin, ni aucun autre instrument d'information et de publicité, sans bureau de placement, sans hôtel des ventes ni mont-de-piété.

Eh bien! tout cela manquait à nos ancêtres, il y a seulement deux cent cinquante ans, et tout cela leur fut donné par Renaudot seul !

Et ce n'est pas tout. Ce fut lui qui ouvrit le premier dispensaire, — qu'il entretenait à ses frais, — et le premier laboratoire public de chimie.

Enfin il organisa, toujours sous son toit, dans

*la maison fameuse du* Grand-Coq, *les premières* conférences scientifiques, *une sorte d'académie des sciences au petit pied, réputée, même par ses ennemis, « l'une des plus belles et des plus utiles institutions qu'il eût faites », et dont les Mémoires,* aujourd'hui encore, *sont lus avec intérêt.*

*Voilà ce que* Renaudot *appelait naïvement ses* innocentes inventions. *Je ne sais pas si l'on trouverait dans notre histoire beaucoup d'hommes à qui l'on en doive autant et de si diverses, et de si éminemment utiles, et, ajouterai-je, de si désintéressées, car, après tout cela, Renaudot est mort, de l'aveu même de son plus cruel ennemi, « gueux comme un peintre ».*

*Et qu'a-t-on fait pour reconnaître tant de bienfaits? Rien, absolument rien, pas plus dans son pays natal que dans son pays d'adoption.*

*On pourrait s'étonner de ce déni de justice si l'on ne savait quelles longues traces laisse derrière elle cette arme terrible des envieux, la calomnie. Or, jamais homme ne fut plus outrageusement calomnié que Renaudot. C'est que, dans sa marche vers le progrès, il se heurta fatalement au mono-*

pole et à la routine. De là contre lui un ameutement dont il est indispensable d'avoir la clef pour comprendre sa vie, toute de lutte.

Dès ses premiers pas il avait rencontré sur sa route, dans la Faculté de médecine de Paris, une ennemie aussi intolérante que redoutable. Ladite Faculté, s'appuyant sur d'antiques règlements, prétendait que ceux-là seuls qu'elle avait sacrés docteurs avaient le droit d'exercer la médecine dans la capitale, et elle ne supportait pas ou ne supportait que très impatiemment que des médecins du dehors vinssent leur disputer le pavé. Elle jalousait tout particulièrement la Faculté de Montpellier, qui prétendait avoir au même titre qu'elle le droit d'exercer et d'enseigner urbi et orbi. Or, Renaudot était docteur de Montpellier; de plus, il s'était mis à la tête du parti de la nouvelle médecine, de la médecine chimique, que la Faculté de Paris avait en abomination, et, pour comble, ces remèdes nouveaux, dont elle pressentait le triomphe prochain, il les donnait gratuitement aux pauvres, avec ses consultations. Inde iræ, de là cette haine enragée qui infecta sa *vie et ses œuvres de tant de bave, que la trace ne s'en est jamais complètement effacée.*

*Il semblerait, d'ailleurs, que ce brave Théophraste soit victime de cette fatalité qui pèse sur certains noms, et les empêche d'émerger. Je ne m'arrêterai pas ici aux ignorances et aux injustices des biographes, non plus qu'aux facéties des chroniqueurs. Mais croirait-on, par exemple, que le nom de Renaudot, ce nom si populaire alors, le nom de l'homme qui joua pendant trente ans un rôle si considérable dans l'ordre social, et même, par sa Gazette, sous la puissante inspiration et avec la collaboration active de Louis XIII, de Richelieu et de Mazarin, dans l'ordre politique, que ce nom ne se rencontre même pas dans les trois volumes de l'histoire de ce règne par Bazin? Et l'historien des monts-de-piété, Blaize, ne se montre pas moins étrangement oublieux : il constate l'inanité des efforts tentés jusque-là par le gouvernement pour implanter en France cette utile institution ; il énumère soigneusement les édits portés à cet effet ; mais de la réussite de Renaudot, là où l'administration avait échoué, il ne dit mot !*

Je n'ai cessé, dans mon Histoire de la presse *et ailleurs, de protester contre une si criante iniquité, mais, hélas! sans grand succès. Ce n'était point encourageant. J'ai voulu cependant, avant de quitter la plume, faire une suprême tentative pour dégager tout au moins la mémoire de Renaudot des nuages qui l'obscurcissent, et il m'a semblé que pour cela le moyen le plus simple et le plus sûr était de raconter tout bonnement la vie si remplie de cet homme de bien. C'est la raison de cette monographie, qui ne sera pas sans quelque intérêt pour notre histoire morale.*

*J'en avais en grande partie les matériaux sous la main. A diverses reprises, en effet, et depuis longtemps. j'ai consacré de nombreuses pages à la vie militante de Renaudot, et je crois assez bien la connaître; mais je n'ai pu réussir á faire complètement la lumière sur ses origines, sa famille, ses premières années, non plus que sur celles, assez longues, qu'il passa à Loudun après qu'il eut été reçu docteur. Les archives de l'ancien Poitou, celles de Poitiers comme celles de Loudun, sont absolument muettes sur ce point, — comme sur* tout le reste. Muets également les historiens de la province, qui ne consacrent, d'ailleurs, à l'illustre Poitevin, que quelques lignes insignifiantes, à l'exception de Dreux du Radier, dont l'article ; qui a servi de base à toutes les biographies, laisse sans doute beaucoup à désirer, mais enfin contient de bonnes choses et d'utiles indications. Le seul travail un peu substantiel qui soit sorti des presses poitevines est une notice que M. de Lastic, s'inspirant de mon Histoire de la Presse, a publiée, en 1873, dans la Revue poitevine, et que je louerais de grand cœur, quoiqu'elle n'ait pu m'être utile, si je n'y avais une si grande part.

Je n'avais, m'écrivait-on de différents côtés, qu'une seule chance de trouver ce que je cherchais. S'il existait quelque chose, quoi que ce fût, sur la première période de la vie de Renaudot, ce quelque chose devait être dans le cabinet d'un médecin de Loudun, qui s'était beaucoup occupé de son célèbre compatriote et confrère — sans cependant avoir jamais rien publié sur son compte, — et qui même, dit-on aujourd'hui qu'il est mort, nourrissait la pensée de lui faire élever un monument dans sa ville natale. J'avais donc, il y a deux ans, adressé à ce docteur, dont les bonnes intentions m'inspiraient une sympathie toute naturelle, une lettre que j'avais faite aussi insinuante que possible : il ne daigna même pas y répondre. Aujourd hui sa collection est chez un autre médecin, qui paraît avoir hérité, par surcroît, de son urbanité, car les démarches que j'ai tentées de ce côté ont eu absolument le même résultat.

La mémoire de Renaudot est heureusement au-dessus de ces petitesses, et, je l'espère, en souffrira très peu. Nous savons pertinemment qu'il était d'une famille honorable, qu'il reçut une forte et saine éducation, dont on verra bientôt les fruits précoces autant qu'abondants. Le reste n'a pour sa mémoire qu'une importance relative.

Qui sait, d'ailleurs? Peut-être y a-t-il sous roche quelque beau projet qui tournerait, en fin de compte, à la plus grande gloire de Renaudot. Qu'il en soit ainsi, et je ne serai pas le dernier à m'en réjouir.

Dans tous les cas, les honnêtes procédés de ces harpagons de lettres ne m'ont fait que plus vivement

sentir le prix du concours si éclairé, si dévoué, si
rare enfin, qu'a bien voulu me prêter l'aimable
président de la Société des Antiquaires de l'Ouest,
M. de la Bouralière, et pour lequel je ne saurais
lui exprimer assez hautement ma gratitude.

Je dois aussi des remerciements à l'honorable
maire de Loudun, M. Duméreau, pour l'obligeance avec laquelle il s'est associé à mes recherches, bien que le résultat n'ait pas répondu à sa
bonne volonté : là où il n'y a rien, on ne saurait
rien trouver.

Mais n'est-ce pas vraiment chose étonnante que,
pas plus dans les études de notaire que dans les
archives municipales, on ne rencontre la moindre
trace d'un homme qui, pourtant, a joué à Loudun,
pendant une vingtaine d'années, un rôle marquant,
qui y a accompli les principaux actes de sa vie,
qui s'y est marié, où sont nés ses premiers enfants,
où ont été publiés ses premiers ouvrages ! Ne re-
connaît-on pas là cette fatalité dont je parlais
tout à l'heure ? En veut-on d'autres exemples ?
Un des registres de l'état civil a disparu, et c'est
précisément celui qui correspondait à la première

période de la vie de Renaudot ! — M. Eugène
Balleyguier avait donné à la ville les premiers
numéros de la Gazette : « une main indiscrète, m'é-
« crit M. Duméreau, les a enlevés, et ils sont allés
« rejoindre, peut-être, le registre qui nous fait
« aujourd'hui si grand défaut ! »

Cependant le souvenir de Renaudot est demeuré
vivant dans sa ville natale. On y montre avec
quelque fierté la maison qu'il habita, dans la rue
du Centre. La ville de Loudun ne s'honorerait-elle
pas en substituant au nom si absolument insigni-
fiant de cette rue le nom autrement éloquent de
Théophraste Renaudot, en même temps qu'une ins-
cription, placée sur la maison qui fut peut-être son
berceau, dirait à ceux qui les ignoreraient ses
titres à cet hommage ?

J'applaudirais d'autant plus, pour ma part, à ce
commencement de réparation, qu'il pourrait avoir
de l'écho à Paris, qui doit tant à Renaudot, et être
ainsi un acheminement vers un monument plus
digne d'une telle mémoire.

# I

# COMMENCEMENTS

## DE

# THÉOPHRASTE RENAUDOT

# THÉOPHRASTE RENAUDOT

## SES COMMENCEMENTS

*Patrie de Renaudot. — Date de sa naissance. — Sa famille. — Sa religion. — Son éducation. — Docteur en médecine à dix-neuf ans. — Ses débuts à Loudun; il s'y fait remarquer par ses idées humanitaires. — Il est appelé à Paris pour les mettre en pratique.*

HÉOPHRASTE Renaudot est né à Loudun — « le domicile des démons » — en 1586, et non en 1584, comme le portent toutes les Biographies. Cette dernière date a pour elle, il est vrai, l'autorité de la *Gazette*, qui donne à son fondateur 69 ans au moment de sa mort, arrivée en 1653; mais elle est contredite par Renaudot lui-même, qui nous dira tout à l'heure qu'il avait dix-neuf ans en 1606, quand il fut reçu docteur, et aussi par la légende du portrait placé en tête du premier volume de la

*Ga͞ette,* et dont nous donnons une réduction, portrait évidemment gravé sous ses yeux ; cette légende est ainsi conçue :

. *Theophrastus Renaudot , Juliodunensis, medicus et historiographus regius, ætatis anno, 58, salutis 1644.*

De sa famille, de ses commencements, je n'ai rien pu savoir, mais on ne peut douter qu'il ne fût de bonne bourgeoisie : sa profession, les longs voyages qui suivirent ses études, en témoigneraient suffisamment. Nous le verrons, d'ailleurs, répondant à ses adversaires, qui ne cessaient de lui reprocher d'avoir été « élevé de la fange et de la poussière » par Richelieu, amené à établir le bilan de sa fortune patrimoniale. Elle s'élevait à environ 40,000 livres, ce dont le greffe de la Cour pouvait faire foi, par l'arrêt qu'il avait obtenu en 1618 contre ses curateurs.

C'était, pour l'époque, une assez jolie fortune, et Théophraste n'avait pas été seul à recueillir l'héritage paternel : il avait au moins un frère.

Quand on parle d'un Loudunois de cette époque, on est amené presque naturellement à se demander de quelle religion il était. C'est une des questions sur lesquelles j'avais appelé l'attention des concitoyens de Renaudot.

M. de la Bouralière est porté à croire qu'il était catholique, et voici ses raisons : 1° la protection du cardinal de Richelieu ; 2° les actes religieux relevés par Jal dans son *Dictionnaire biographique* ; 3° l'absence de son nom dans la *France protestante* des frères Haag ; 4° le même silence de la part du pasteur Auguste Lièvre, dans son *Histoire des protestants du Poitou*, qui ne cite que le nom d'un Renaudot, pasteur de Nesmy en 1683, et qui alla s'établir à Londres après la Révocation.

Assurément il y a là de fortes présomptions. J'incline cependant vers l'opinion contraire. Le fait seul de ce pasteur protestant qu'on rencontre à une époque si voisine de la naissance de Renaudot, qui était évidemment de sa famille, le frère de son père peut-être, me semblerait déjà un sérieux indice : on n'était généralement pas des deux religions dans la même famille. Mais j'en trouve un autre, plus certain encore, dans l'insistance de ses adversaires à le représenter comme un « *charitable converti*, qui a *renoncé à Charenton*, et qui fait dire des messes pour la pauvre âme de sa femme, qui est morte huguenote ». Nous entendrons Renaudot donner les raisons qui l'autorisaient à « faire dire un annuel pour l'âme de sa femme », mais il ne souffle mot de l'inculpation qui l'atteint personnellement. Et d'ailleurs un catholique aurait-il épousé une huguenote ? Je crois donc que Renaudot, né dans la religion réformée, se sera converti au catholicisme à la voix de son ami le Père Joseph, et peut-être un peu aussi à celle de son intérêt bien entendu.

Après avoir fait de bonnes humanités à Loudun, sous le savant Boulanger, dont Sainte-Marthe a écrit l'éloge, il fut envoyé jeune encore à Paris pour y étudier la médecine ; ce qu'il aurait fait, assure-t-on dans une intention de dénigrement, sous la conduite d'un maître en chirurgie. Toujours est-il qu'étant allé continuer ses études à Montpellier, il s'y fit recevoir docteur dans l'espace de trois mois, n'ayant encore que dix-neuf ans.

Or, quoi qu'on puisse supposer, il est impossible de ne pas voir dans ce fait la preuve d'aptitudes peu communes.

Il voyagea ensuite pendant plusieurs années pour perfectionner ses connaissances ; ce qui, à la fois, dénote un grand désir de s'instruire, et suppose, comme je l'ai déjà dit, une certaine aisance.

Retourné dans sa patrie, il y exerça la médecine « avec toute la réputation imaginable en un homme de son âge ».

Suivant ses envieux, au contraire, il y aurait été obligé, faute d'occupation, de se faire maître d'école. Si bien que, découragé, il serait venu, en 1612, tenter la fortune à Paris ; mais là encore, toujours selon les Basiles de la Faculté, il aurait dû, pour subsister, prendre des pensionnaires.

Qu'importerait d'ailleurs ? Si je signale ces petites bassesses, acceptées trop légèrement par les biographes, c'est pour donner la mesure de la bonne foi de ses détracteurs.

La vérité, qu'ils ne pouvaient ignorer, c'est que Renaudot n'était pas venu à Paris de son propre mouvement. Il y avait été mandé par le roi, ou, si l'on veut, par la reine régente, grâce vraisemblablement à Richelieu, qui n'était pas encore le puissant ministre — il n'avait guère que l'âge de Renaudot,— mais qui pouvait déjà être un puissant protecteur. Il lui aurait été recommandé par le Père Joseph, si connu sous le nom d'Éminence grise, dont notre jeune docteur avait fait la connaissance durant ses voyages, et le futur cardinal, qui se connaissait en hommes, s'était vivement intéressé à son jeune compatriote. Il l'avait donc fait venir à Paris, et avait obtenu pour lui, dès son arrivée, le titre de médecin du roi, quelques-uns disent avec un traitement de 800 livres.

Sur tout cela écoutons Renaudot lui-même dans ses explications, dénuées de tout artifice :

« Je n'avais que dix-neuf ans — en 1606 — quand je reçus le bonnet à la fameuse université de Montpellier. C'est pourquoi, sachant que l'âge est nécessaire pour autoriser un médecin, j'employai quelques années dans les voyages que je fis, dedans et dehors ce royaume, pour y recueillir ce que je trouverais de meilleur dans la pratique de cet art, que je vins exercer dans Loudun, ma ville natale, où je me rendis, encore jeune, recommandable par mon assiduité, employant le relâche que me donnaient les malades à de fréquentes anatomies, à la connaissance des simples, à la préparation des remèdes curieux, comme le témoignent les livres que je donnai lors au public. Voire, j'ai encore par devers moi les commentaires et journaux des observations très particulières de plusieurs années de mes pratiques de médecine, que je n'interrompis sinon par la grande multitude de malades, qui m'empêcha d'en pouvoir plus tenir registre, auquel succéda celui de mes conseils donnés sur les maladies plus remarquables, que je continue encore à présent, et duquel j'espère de tirer un jour, ou les miens après moi, de quoi justifier de mes soins à illustrer ce bel art, que j'exerçai avec tel applaudissement de mes concitoyens, qu'il n'y eut rien que l'affection qu'ils me portaient qui m'empêcha de les quitter et venir à Paris dès l'an 1612, auquel mon soin particulier au secours et traitement des pauvres, par où j'ai commencé et désire finir de même, fut cause de l'honneur que j'ai reçu d'être mandé exprès par le roi, du lieu de ma naissance, éloigné de cent lieues, dès son heureux avènement à la couronne, pour seconder la piété de Sa Majesté en ce bon œuvre. »

Voilà la vérité vraie, et nous la verrons plus d'une fois officiellement confirmée, notamment par une Déclaration du roi, de 1628, dont voici le préambule :

LOUIS, etc. Nous n'avons jamais rien eu en plus grande recommandation que le soulagement, bien et utilité de nos sujets, ce qui nous aurait fait rechercher dès notre avènement à la couronne, les moyens d'y pourvoir, et mander les personnes qui nous pourraient donner avis en cette occurrence, et entre autres, sur l'avis que nous avions eu de sa capacité, l'un de nos amés et féaux conseillers et médecins ordinaires, maître Théophraste Renaudot...

On remarquera que cet insigne honneur qui fut fait à Renaudot, il le dut non seulement à son habileté dans l'art de guérir, mais encore et surtout à ses idées humanitaires, dont il fallait bien

qu'il eût déjà donné des preuves. On voit, dans
tous les cas, que ce n'était pas un simple médecin, un médecin ordinaire. La médecine, pour
lui, ne fut pas uniquement une profession ; ce
fut, si je pouvais ainsi dire, une forme, un moyen
de son dévouement au bien public.

Renaudot, en effet, fut avant tout un ardent
philanthrope. « Se reconnaissant, comme il le dit
lui-même dans son langage naïf, né au bien public, il y sacrifia le plus beau de sa vie, sans autre
récompense que celle dont la vertu se paye par
ses mains ».

C'est dans ce rôle qu'il fit ses débuts sur la scène
parisienne, et que nous allons tout d'abord le
suivre.

# II

# LE PHILANTHROPE

# LE PHILANTHROPE

---

*Premier séjour de Renaudot à Paris. — Il présente au Con-
seil du roi et fait accepter le projet d'un établissement en
faveur des pauvres, qui tient à la fois de l'office de renseignements et du bureau de placement. — Brevet qu'il obtient
à cet effet.*

> ..... J'en viens aux pauvres, l'objet
> de mes labeurs, et la plus agréable fin
> que je me sois jamais proposée.
>
> Th. Renaudot.

Ès son arrivée à Paris, Renaudot, sur l'invitation des commissaires établis pour le soin des pauvres, soumettait au lieutenant civil, entre autres projets, le plan d'un établissement auquel il donna le nom de *Bureaux d'addresse* (1). Il y « faisait voir que

(1) Sans *s*, qu'on veuille bien le remarquer. Il les avait ainsi appelés « de leur effet, pareil à celui des enseignes ou addresses des carrefours, et des tables qu'on met au com-mencement ou à la fin des livres pour y trouver plus tôt ce qu'on y cherche ».

l'une des plus notables incommodités des sujets
du roi, et qui en réduisait même plusieurs à la
mendicité, procédait de ce qu'ils ne pouvaient
aisément rencontrer les adresses de leurs nécessités, faute d'y avoir quelque lieu destiné à cet
effet où lesdits sujets pussent avoir recours toutefois et quantes que bon leur semblerait ».

Le projet de Renaudot, soumis au Conseil, fut,
par sentence rendue au Châtelet le 12 août 1612,
sur les conclusions favorables du procureur du
roi, reconnu « raisonnable pour le soulagement
de la chose publique ». En conséquence, le roi
accorda à notre jeune docteur le Brevet suivant :

Aujourd'huy 14ᵉ jour d'octobre 1612, le Roy estant à
Paris, désirant gratifier et favorablement traitter Théophraste Renaudot, l'un de ses médecins ordinaires, lequel
Sa Majesté, sur l'advis qu'elle a eu de sa capacité, a fait venir exprès en cette ville pour s'employer au règlement général des pauvres de son royaume, Sadite Majesté, pour les
bons et agréables services qu'il luy a rendus, et pour les
frais de ses voyages, luy a fait *don de la somme de six cents
livres*, dont il sera payé contant par le trésorier de son épar-
gne, auquel est mandé ce faire en vertu du présent Brevet.
Par lequel, en outre, Sa Majesté a accordé audit Renaudot
et aux siens ou qui auront droit de luy la permission et
privilège, exclusivement à tous autres, de faire tenir Bureaux
et Registres d'addresses de toutes les commoditez réciproques de ses sujets, en tous les lieux de son royaume et terres de son obéissance qu'il verra bon estre. Ensemble, de

mettre en pratique et establir toutes les autres inventions
et moyens par luy recouverts pour l'employ des pauvres
valides et traittement des invalides et malades, et généralement tout ce qui sera utile et convenable au règlement desdits pauvres, avec défence à tous autres qu'à ceux qui auront pouvoir exprez dudit Renaudot d'imiter, altérer ou
contrefaire sesdittes inventions, en tout ou partie, n'y mes-
mement lesdis Bureaux, Registres et tables d'addresse et
de rencontre, à peine de six mille livres d'amende, appli-
cables, un tiers à Saditte Majesté, un autre au dénonciateur,
et l'autre tiers audit Renaudot, auquel Sa Majesté veut
toutes lettres nécessaires en estre expédiées en conséquence
du présent Brevet, qu'elle a pour ce signé de sa main et
fait contre-signer par moy, son conseiller secrétaire d'Estat
de ses commandements et finances. Signé: LOUIS. — Par
le Roy, la Reyne régente sa mère présente : DE LOMÉNIE.

Il semblerait, après cela, que Renaudot n'eût
plus qu'à se mettre à l'œuvre ; mais alors, pas
plus qu'aujourd'hui, les meilleures choses n'allaient pas de soi, et c'est à travers d'interminables
procédures qu'il dut poursuivre l'accomplisse-
ment d'une œuvre aussi hautement déclarée
d'utilité publique. Heureusement qu'il était forte-
ment trempé ; il se dit bonnement que « l'on ne
saurait trop peser tout ce qui regarde le public ».
Il se présenta donc derechef au Conseil de Sa
Majesté pour faire examiner le contenu en son
brevet, et notamment cette ouverture de Bureaux
dont il s'agissait. Le Conseil en fit le renvoi à ses

commissaires, lesquels se montrèrent si peu empressés de donner leur avis que Renaudot, perdant patience, s'en retourna à Loudun. Peut-être aussi qu'il ne se sentit pas le courage de lutter contre les obstacles que la Faculté de médecine commençait à semer sur son chemin ; peut-être encore fut-il ramené dans sa patrie par des attaches qu'il y aurait laissées.

*Renaudot retourne à Loudun.— Il y demeure une douzaine d'années. — Preuves à l'appui de cette opinion. — Un curieux autographe.*

Ce fait, d'une certaine importance dans la vie de Renaudot, n'avait jamais été remarqué, que je sache, tant il semble peu vraisemblable. Doué comme nous le savons, avec ses connaissances acquises, avec son titre de médecin du roi, titre qui, si honoraire qu'on le suppose, n'en constituait pas moins une sérieuse recommandation, Renaudot aurait évidemment fait son chemin dans la carrière médicale à Paris, tout en poursuivant les effets de son brevet. Il ressort cependant à l'évidence du rapprochement de plusieurs passages des factums qu'il échangea avec ses adversaires. Ainsi nous l'avons entendu dire tout à l'heure que l'affection de ses concitoyens l'avait empêché de les quitter dès cette année 1612 où il avait été appelé à Paris. Plus tard, en 1643, répondant à une assertion qui le faisait revenir à Paris vers 1620, il dit « qu'il n'y est pas venu demeurer en 1620 ni de plus de quatre ans après » ; et encore que des trente-six ans de médecine qu'il comptait alors, il en avait passé la moitié dans le Poitou.

De tout cela il me semble résulter qu'il n'est venu se fixer définitivement à Paris que vers 1625, c'est-à-dire, on voudra bien le remarquer, très peu de temps après que Richelieu, tenu assez longtemps éloigné par l'antipathie du jeune roi, y était rentré en maître.

Renaudot revenait au milieu de ses compatriotes avec des titres qui ne pouvaient qu'ajouter à la confiance qu'ils lui avaient témoignée dès ses débuts. « Ce qui reste en vie de médecins fameux du Poitou, répondra-t-il plus tard à ses détracteurs, diront si j'avais quelque emploi, voire si ma réputation était médiocre en cet art. J'ai encore pour témoins du commencement de ma vie tout le Loudunois et la noblesse d'alentour, où s'étendait l'exercice de ma charge », — de commissaire des pauvres, dont il fut investi en 1617, comme nous le verrons tout à l'heure.

M. de la Bouralière a eu la bonne fortune de déterrer dans les Archives du département de la Vienne une lettre inédite de notre docteur, se rapportant à cette période de sa vie, et qui témoigne de l'autorité dont il jouissait déjà. Je laisse au savant antiquaire l'honneur de publier cette pièce, curieuse à plus d'un titre ; je n'en retiendrai que quelques traits plus particulièrement propres à montrer combien Renaudot, qui devait plus tard si fort s'insurger contre les susceptibilités de la Faculté de médecine de Paris, prenait à cœur la dignité de sa profession.

Un de ses clients était atteint de je ne sais quelle maladie peu dangereuse en soi, mais dont la guérison devait être longue. Arrive à Loudun un certain personnage se disant médecin, et qui s'ingère de traiter ledit malade. Critiquant tout ce qui avait été fait, notamment le pronostic qui jugeait la maladie longue, il promet de la guérir en quatre jours, moyennant deux doigts seulement de certaine liqueur verte. Le patient se laisse naturellement persuader. Dès le lendemain des symptômes alarmants se manifestaient, et cinq jours après le pauvre diable était mort.

Grand émoi dans le corps médical de la ville, qui se réunit et mande le personnage susdit pour qu'il ait à rendre compte de l'administration de son fameux spécifique et à en faire connaître la nature. Il va sans dire que cette sommation resta sans réponse. Là-dessus, dénonciation au magistrat, qui ordonne une enquête. Rapport des médecins concluant à l'empoisonnement; conclusion qui est confirmée par l'autopsie.

Alors intervient le procureur du roi de Loudun, qui ordonne que tous ceux qui y exercent la médecine aient à déposer au greffe et à y faire enregistrer leurs lettres de docteurs, afin qu'on puisse discerner ceux qui se croient capables de l'exercer ou non. Les médecins de Loudun s'empressent de produire les leurs, obtenus à l'université de Montpellier. Force est bien alors à l'intrus d'exhiber aussi les siens ; mais « il les avait obtenus à Cahors, qui est une académie, et non une université, comme appert par lesdites lettres. Et qui plus est, le baccalauréat, la licence et le doctorat, entre lesquels il faut un si long temps ès bonnes universités, sont tous datés du même jour, qui nous est une chose du tout inouïe, voire même répugnante, vu que le mot de *degrés* semble présupposer un intervalle compétent, et non pas un saut ».

Bref, le fait paraît assez grave aux docteurs de
Loudun pour qu'ils croient devoir le déférer à
leurs confrères de la faculté de médecine de
Poitiers, désireux qu'ils sont d'avoir leur avis, et
bien persuadés qu'ils prendront part avec eux à
la conservation de l'honneur de la médecine, leur
mère commune, à l'honneur de laquelle il importe
beaucoup qu'on ne lui suppose pas des enfants
bâtards pour des légitimes.

Ce mémoire, daté du 13 août 1617, est signé :
D. Rogier, docteur-médecin ; Renaudot, docteur
en médecine. Il est accompagné d'une lettre
d'envoi, signée au nom des deux par Renaudot,
et dont nous donnons ci-contre un fac-simile
malheureusement très réduit, l'exiguïté de notre
format ne nous ayant pas permis de reproduire
dans son ampleur magistrale cette pièce curieuse
à plus d'un titre. On remarquera surtout l'ingénieuse complication du paraphe, affectant visiblement la forme du T initial de Théophraste.

Nous rencontrons encore, à six années de là,
deux faits se rapportant à ce long séjour que Renaudot fit dans sa ville natale avant de venir se
fixer définitivement à Paris.

On trouve dans les œuvres de Scévole de
Sainte-Marthe une épigramme, datée du 4 janvier

Monsieur nous vous prions bien humblement Mr Rogier [et]
moy collegue de [mo]y pour faire l[e] gonneur [honneur] de nous voir
et presenter de nostre part a Messieurs de nostre faculté
a elle qu[e] nous vous addressons dom vous apprendrez
le subiect par la lecture d'icelle à prendre s'il vous plaist
[…] bonne [qu]e la personne et nous vous en demeurons apres
nostre bien humble baisemain a toute la faculté pour
demeurons

Monsieur

Vos[tre] plus humbles [et]
affectionnez serviteurs
Daniel Rogier et [Théophraste]
Renaudot medecins et
au nom de deux

Renaudot

A loudun ce
13 de aoust 1617

1623, à la louange d'un *Traité touchant le soin
des pauvres* que Renaudot venait de faire imprimer, et qu'il avait adressé à son savant compatriote, qui se l'était fait lire sur son lit de mort.
Voici cette petite pièce, qui prouve le grand cas
que Scévole faisait de l'auteur :

*Non multa est reliquo fides libello,
Nam me pagina prima jam fefellit :
Dum librum puto* PAUPERUM *tenere,
Et nunquam reperi ante* DITIOREM.

Le titre en est remarquable en ce que les qualités dont Renaudot pouvait dès lors se prévaloir
y sont énumérées tout au long : *Ad Theophrastum Renaudotium, Regis medicum, Curæ pauperum totius Galliæ præfectum, Negotiorumque
conciliatorem et interpretem.* Il faut voir évidemment dans cette dernière qualification la traduction — mais assez étrange — du titre d'intendant
des Bureaux d'adresse.

Scévole étant mort à quelque temps de là, Renaudot, qui était du nombre de ses meilleurs
amis, prononça son oraison funèbre dans le palais
de Loudun. Ce discours fut imprimé, et il se
trouve dans le recueil qui a paru sous le titre
général de *Tumulus Sammarthani;* il est intitulé :
*Oraison funèbre sur le décès de Scévole de Sainte-*

*Marthe*, par Théophraste Renaudot, conseiller et médecin du roi, prononcée au palais de Loudun, le 5e jour d'avril 1623, en présence des officiers et autres notables personnes de la même ville. *Paris*, 1629.

Ajoutons tout de suite que ce même recueil contient plusieurs pièces de vers, français et latins, de Renaudot.

C'est à Dreux du Radier que j'ai emprunté ces quelques détails sur les relations entre Sainte-Marthe et Renaudot; j'y reviendrai en parlant des œuvres de ce dernier.

# LA MAISON DU GRAND-COQ.

---

## LE BUREAU D'ADRESSE

*Renaudot se fixe décidément à Paris. — Ouverture du pre-
mier Bureau d'adresse. — Programme et règlement de
cette institution royale.*

DES deux derniers faits que nous venons de
rapporter, Dreux du Radier conclut « que
Renaudot n'abandonna jamais sa patrie de vue, et
qu'il y fit des voyages assez longs depuis 1612 ».
C'est le contraire, nous le savons maintenant, qui
est la vérité. Théophraste était domicilié à Loudun, mais il est supposable que, pendant les douze
années qu'il y demeura, il fit plus d'un voyage à
Paris, où il avait laissé des intérêts qui devaient
lui tenir au cœur.

Dès l'année 1617, il avait obtenu une première
satisfaction. Le 30 octobre, après cinq années, les
commissaires du Conseil avaient déposé leur rapport, concluant « qu'il était du service de Sa
Majesté, bien et soulagement de ses sujets, que
les propositions de Renaudot fussent reçues ».
En conséquence, un arrêt du 3 février 1618 avait

confirmé le Brevet royal de 1612 et conféré à Renaudot le titre de commissaire général des pauvres du royaume. Il paraît que ce n'était pas encore assez, car cet arrêt fut suivi, à la distance de six années, de deux autres, des 28 février et 22 mars 1624, qui, sans doute, ne furent pas encore jugés suffisants.

C'est alors que Renaudot se décida à venir à Paris, pour en poursuivre l'effet et remplir ses fonctions de commissaire des pauvres.

Enfin, le 31 mars 1628, une Déclaration dont j'ai déjà donné le préambule confirma le Brevet de 1612, par lequel le roi avait, « entre autres choses, accordé à Renaudot la permission et privilége de faire tenir Bureaux et Registres d'adresses, à quoi il aurait continuellement vaqué et fait travailler depuis le dit temps... »

A ces causes, désirant que le public reçoive le profit et utilité du susdit établissement, Nous avons dit et déclaré, disons, déclarons, voulons et nous plait que ledit Renaudot et ceux qui auront droit de luy puissent, conformément à nostredit Brevet, establir des Bureaux et tables de rencontres en tous les lieux de nostre obéissance qu'ils verront bon estre ; auxquels Bureaux il pourra mettre des commis, dont il demeurera civilement responsable, qui tiendront livres et registres dans lesquels il sera permis à chacun de faire inscrire et enregistrer, par chapitres distincts et séparez, tout ce dont il pourra donner addresse sur les-

dites nécessitez, et semblablement d'y venir apprendre et
recevoir lesdites addresses par extraits desdits registres.
Sans qu'il soit *payé plus de trois sous pour chacun enregis-
trement ou extrait* desdits, registres, et gratuitement pour
les pauvres ; et sans qu'aucun soit contraint de se servir desdits Bureaux, tables et registres, si bon lui semble. A la
charge que ceux qui se seront fait enregistrer seront tenus
venir faire descharger le registre dans les vingt-quatre heures après qu'ils auront rencontré la chose pour laquelle ils
s'estoient fait inscrire, et à l'instant mesme qu'ils auront
changé d'avis en cas qu'ils en vinssent à changer, sous
les peines auxquelles ils se sóumettront lors dudit enre-
gistrement ; et ce pour obvier à l'incommodité qui advien-
droit en addressant des personnes aux lieux où ils ne trou-
veroient plus ceux qui se seroient inscrits : ce qui pri-
veroit lesdits Bureaux de l'utilité que le public en attend ;
et pour laquelle descharge il ne sera rien payé.... *Signé :*
LOUIS. — *Par le Roy*, De Loménie ; *et scellé sur simple
queue du grand sceau de cire jaune.*

Cette Déclaration royale avait été suivie, le 8
juin 1629, d'un privilège en bonne et due forme.

Cette fois, Renaudot pouvait bien se croire au
terme de ses tribulations ; mais, chose à peine
croyable, il eut encore à compter avec le prévôt
de Paris, qui fit opposition à l'exécution desdits
Brevet, Arrêt du conseil, Déclaration et Privilèges. Force lui fut donc d'en appeler au Parlement, qui, enfin, par un arrêt solennel du 9 août
1629, confirma définitivement son privilège.

Ainsi il n'avait pas fallu moins de dix-sept années, et de toutes les lumières des plus hautes juridictions, pour faire admettre ce qui était l'évidence même, l'utilité· d'une institution qui non seulement répondait à une nécessité publique pressante, mais encore avait pour elle... l'autorité d'Aristote !

Ce n'est pas moi, on le pense bien, qui introduis le prince des philosophes en cette affaire, où l'on ne se serait certainement pas attendu à le rencontrer. Je trouve ce trait, qui m'a semblé caractéristique, dans un Discours sur l'utilité des Bureaux d'adresse publié quelques années après par Renaudot dans le *Mercure français*, « pour ce, dit-il, que cet établissement, fondement de tant de belles institutions qui s'y sont faites et se font journellement au contentement du public, pourra possible sembler à plusieurs digne que l'histoire en marque le commencement, qui n'a pas été remarqué ailleurs ».

« Il avint, y est-il dit, l'an 1630, fondé sur l'autorité d'Aristote, lequel, au IVe livre de ses Politiques, chap. xv, dit : *Oportet esse aliquid tale cui cura sit populum consilio prævenire ne otiosus sit.* — Idem, lib. Politicorum secundo, cap. vii : *Quod igitur necessarium est in bene constituenda republica necessariorum adesse fa-*

*cultatem omnes fatentur; sed quemadmodum id
futurum sit non facile est comprehendere.* » Renaudot, comme on le voit, savait ses auteurs. Il
s'appuie encore de l'autorité « du sieur de Montagne, pour servir de preuve au bien qui reviendra
de son Bureau d'adresse aux hommes de lettres,
et montrer quel est leur avis sur cette matière,
même en notre âge et en celui de nos pères ».

« Feu mon père (dit le sieur de Montagne, dans
le xxxiv<sup>e</sup> chapitre de ses *Essais*), homme, pour
n'être aidé que de l'expérience et du naturel, d'un
jugement bien net, m'a dit autrefois qu'il avait
désiré mettre en train qu'il y eût ès villes certain
lieu désigné auquel ceux qui auraient besoin de
quelque chose se pourraient adresser, et faire enregistrer leur affaire à un officier établi pour cet
effet. Comme je cherche à vendre des perles, je
cherche des perles à vendre; tel veut compagnie
pour aller à Paris; tel s'enquiert d'un serviteur de
telle qualité, tel d'un maître; tel demande un
ouvrier; qui ceci, qui cela, chacun selon son
besoin. Et semble que ce moyen de nous entr'advertir apporterait non légère commodité au commerce public. Car à tous coups il y a des conditions
qui s'entrecherchent, et pour ne s'entr'entendre
laissent les hommes en extrême nécessité. J'entends
avec une grande honte de notre siècle qu'à notre

vue deux très excellents personnages en savoir
sont morts en état de n'avoir pas leur saoul à manger : Lilius Gregorius Giraldus en Italie, Sebas-
tianus Castalio en Allemagne. Et crois qu'il y a
mille hommes qui les eussent appelés avec de très
avantageuses conditions, ou les eussent secourus
où ils étaient, si l'eussent su. Le monde n'est pas
si généralement corrompu que je ne sache tel
homme qui souhaiterait de bien grande affection
que les moyens que les biens lui ont mis en main
se pussent employer à mettre à l'abri de la nécessité les personnes rares et remarquables en quelque
espèce de valeur, que le malheur combat quelquefois jusques à l'extrémité, et qui les mettrait
pour le moins en tel état qu'il ne tiendrait qu'à
faute de bon discours s'ils n'étaient contents. »

Parmi les arguments de Renaudot en faveur de
son Bureau, nous en citerons un seul, comme
exemple de sa logique.

« Pour exemple, dit-il, je cherche à donner à
ferme une terre, un autre cherche à prendre une
terre à ferme : faute de se s'entre connaître, il ne se
passe point de bail ; le seigneur direct en est plus
mal payé de ses devoirs ; le propriétaire, incom-
modé ; le fermier demeure sans emploi ; le notaire
ne passe point d'instrument ; le proxenète n'a

point le pot-de-vin ; la terre n'est point du tout
ou mal cultivée : conséquemment l'héritage en décadence, moins de fruits, moins d'occupation
pour les hommes de labeur, et moins d'ouvrages
et de manufactures pour toute sorte d'artisans
servant au labourage, vêtement et nourriture de
ceux que l'oisiveté appauvrissante empêche de
pouvoir acheter, et possible encore moins de quoi
s'exercer à ceux qui vivent des affaires d'autrui,
lesquelles se multiplient par les négoces, comme
elles se diminuent faute d'iceux. Car qui est-ce
qui ne voit pas que plus il se passe d'affaires entre
les particuliers, et plus les solliciteurs, les procureurs, les avocats, les juges, voire les plus éloignés de telles considérations, y trouvent néanmoins de quoi maintenir avec honneur la dignité
de leur charge, qui sans cet emploi deviendrait
un titre inutile et sans respect, vu la malice du
siècle, qui n'estime que ceux qui lui sont nécessaires ? »

J'ai laissé et je laisserai souvent parler Renaudot, parce qu'il m'a semblé que c'était le
meilleur moyen de le faire connaître : il est de
ceux à qui l'on peut le plus justement appliquer
l'aphorisme fameux : « Le style, c'est l'homme ».

1...

On voit, par les citations que je viens de faire, combien l'idée de Renaudot avait progressé pendant sa longue incubation. Une brochure qu'il publia cette même année 1630, au moment où il ouvrit son premier Bureau d'adresse, montre mieux encore l'étendue de ses conceptions humanitaires. C'est un « *Inventaire des addresses du Bureau de rencontre*, où chacun peut donner et recevoir avis de toutes les nécessitez et comoditez de la vie et société humaine. — Par permission du Roy, contenue en ses Brevets... A Paris, à l'enseigne du Coq, rue de la Calandre, sortant au Marché-Neuf, où l'un desdits bureaux d'adresse est estably, 1630 ». (Grand in-4° de 34 p., orné de vignettes et fleurons.)

Cette pièce m'a paru tellement intéressante, sans parler de son extrême rareté (1), que j'en ai reproduit la plus grande partie dans le tome II de mon *Histoire de la presse*, où les curieux la pourront trouver ; ici, je me bornerai à en donner une analyse succincte, avec quelques extraits plus particulièrement propres à faire apprécier l'œuvre de

(1) Je n'en connais qu'un exemplaire, ayant appartenu au bibliophile Leber, et aujourd'hui à la bibliothèque de Rouen, d'où elle m'a été envoyée en communication, avec une obligeance bien rare.

Renaudot et les nécessités auxquelles elle répondait, nécessités dont on a grand'peine à se faire une idée aujourd'hui.

Elle est dédiée à un oncle du cardinal Richelieu, le commandeur Amador de la Porte, en l'honneur duquel un des fils de Renaudot a rimé ce beau quatrain, qui lui sert comme d'épigraphe :

> *Cette entrée, Ame d'or, de la Porte d'honneur,*
> *Que la naissance, l'heur et la valeur vous donne,*
> *Fait voir que la vertu soi-même se guerdonne,*
> *Et ne tient que du ciel sa naissance et son heur !*
>
> Isaac Renaudot,
>
> *Étudiant en droit* (1).

Dans cette dédicace, après un pompéux éloge de ce haut et puissant seigneur, Renaudot expose les phases par lesquelles a passé son entreprise durant « cette longue suite d'années requise à la solide perfection d'un ouvrage de durée ». Il a enfin triomphé de tous les obstacles. Reste la grosse question de la dépense, mais elle ne l'arrêtera pas plus que les autres. Il espère que « dans

---

(1) Cela ferait supposer qu'Isaac, qui finalement embrassa, ainsi que son frère Eusèbe, la carrière de son père, aurait commencé par étudier le droit.

toute l'étendue de ce grand Etat, ou même dans le
seul enclos de cette populeuse ville de Paris, où
la dévotion est ingénieuse à produire toute sorte
de bonnes œuvres, il se trouvera bien au moins
une seule personne qui, goûtant les utilités qui
naissent à milliers de l'établissement de ces Bureaux, inventés au bien et soulagement du peuple,
voudra éterniser sa mémoire en les dotant de quelque revenu suffisant pour lui faire continuer, avec
plus d'ornement et de splendeur, le soutien de ses
grandes charges, dont celle-ci ne sera pas la
moindre qu'à toute heure les pauvres y trouveront
gratuitement avis des commodités et occasions
qu'il y aura de gagner leur vie, la plus charitable
aumône qu'on leur puisse départir ».

Suit une longue préface sur l'utilité des Bureaux d'adresse, dont je me bornerai à donner un
court extrait :

Chacun sait, y lit-on, la peine qu'il y a de rencontrer à point nommé ses nécessités, qui plus,
qui moins, selon ses facultés et connaissances,
petites ou grandes. Il semble manquer à la perfection de notre société quelque lieu public qui
soit la lunette d'approche, l'abrégé et le ralliement
de tant de pièces détachées. C'est à quoi il prétend
remédier par l'établissement d'un Bureau d'a-
dresse et de rencontre de toutes les commodités

de la vie ; lequel, encore que plusieurs grands politiques des siècles passés aient touché comme nécessaire au bâtiment de leur République, si est-ce qu'il n'y a point d'Etat où il soit plus requis qu'en France, puisqu'il n'y en a point de plus affluent en peuple. De l'absence d'un pareil établissement, du désordré qui en résulte, se sentent presque toutes les sortes de conditions, même les gens de lettres, comme il le prouve par l'autorité de Montaigne.

Venant au trafic, il montre qu'il en sera notoirement facilité : « car, dit-il, tout ainsi que l'ignorance oste le désir, estant impossible de souhaitter ce qu'on ne cognoist pas, de mesme la cognoissance des choses nous en amène l'envie ; de sorte que, tout estant, par manière de dire, exposé aux yeux de ceux qui le voudront voir, il ne faut point douter que pour un marché il ne s'en passe trois : ce qui augmentera visiblement le commerce, et aura encore plus d'effet en cette populeuse ville de Paris qu'en autre lieu de ce royaume, en laquelle souvent on cherche au loing ce qui est près de soy, dont néantmoins on est contraint de se passer, avec incommodité.

« Je finis par les pauvres, l'objet de mes labeurs, et la plus agréable fin que je me sois jamais proposée. Entre toutes les causes de la pauvreté,

dont la déduction seroit ennuyeuse, nous pouvons
dire asseurément que l'une des plus manifestes,
et qui réduit les personnes de moindre condition
au misérable estat de mendicité, ou à soutenir
leur vie par moyens illicites, et finalement à
l'Hostel-Dieu, si pis ne leur arrive, c'est qu'ils
accourent à trouppes en cette ville, qui semble
estre le centre et le païs commun de tout le monde,
sous l'espérance de quelque avancement, qui se
trouve ordinairement vaine et trompeuse : car,
ayants despencé ce peu qu'ils avoient au payement des bienvenuës et autres frais inutiles ausquels les induisent ceux qui promettent de leur
faire trouver employ, et aux desbauches qui s'y
présentent d'elles mesmes, auxquelles leur oysiveté
donne un facile accez, ils se trouvent accueillis
de la nécessité avant qu'avoir trouvé maistre :
d'où ils sont portés à la mendicité, aux vols,
meurtres, et autres crimes énormes, et par les maladies que leur apporte en bref la disette infectent
la pureté de notre air, et surchargent tellement,
par leur multitude, l'Hostel-Dieu et les autres
hospitaux, que, nonobstant tout le soing qu'on
y apporte, ils peuvent véritablement dire que le
nombre les rend misérables. Au lieu qu'ils pourront désormais, une heure après leur arrivée en
cette ville, venir apprendre au Bureau s'il y a

quelque employ ou condition présents, et y entrer
beaucoup plus aisément qu'ils ne feroient après
avoir vendu leurs hardes ; ou, n'y en ayant point,
se pourvoir ailleurs. Ce qui fera discerner plus
facilement les fainéants et gens sans aveu, pour
en faire la punition qu'il appartiendra. »

Viennent ensuite les Brevet, Déclaration du
roi, et autres titres officiels du Bureau d'adresse
dont nous avons parlé, et enfin, après ces longs
liminaires, on arrive, non pas à l'Inventaire
que promettait le titre, mais seulement au « *Som-
maire des chapitres de l'Inventaire des addresses
du Bureau ou table de rencontre*, où sont contenues les matières desquelles on peut donner ou
recevoir avis ». Ce ne sont que « des premières
feuilles que l'impatience de plusieurs a tirées des
mains de l'auteur plus tôt qu'il ne pensait, et qu'il
prie le lecteur de recevoir par avance ».

Ces sommaires sont au nombre de quatre-vingt-
trois, partagés en trois livres.

Le premier livre touche à l'excellence de la
charité envers les pauvres, dont le soulagement
a donné le premier motif au Bureau d'adresse. —
« Comme la conservation de la santé est plus estimée et première en ordre que la cure des maladies, ainsi vaut-il mieux empêcher la pauvreté et
mendicité d'arriver que de la chasser étant venue...

Et le plus assuré moyen et précaution pour empêcher la pauvreté et mendicité d'advenir est de fournir promptement à tous ceux qui en sont menacés les moyens de s'aider de leur industrie et des autres moyens qu'ils ont en main, qui autrement leur demeureraient inutiles ».

Le troisième livre va au-devant des objections qui sont à prévoir. « Comme ès différentes complexions, un mesme vin produit de différents effets, ainsi la diversité des esprits rendra divers les jugements de cet établissement. » Viennent ensuite quelques indications que Renaudot développa plus tard dans une *Instruction pour se servir des commoditez du Bureau d'addresse.*

Le deuxième livre, le plus important, entre dans le détail de ces commodités, « encore qu'il soit difficile de réduire à un nombre certain la matière dont l'adresse se trouvera dans les bureaux du Grand-Coq, pour ce qu'elle s'estend aussi loing comme la nécessité des hommes, qui est presque infinie ; mais les propositions universelles s'insinuent mieux par les exemples particuliers, qui tombent seuls sous l'imagination du vulgaire, auquel on n'a pas moins affaire qu'aux doctes ».

III. D'autant que le soulagement des pauvres a donné le premier motif à cet establissement, l'impatience de ceux qui se porteront, si bon leur semble, à la seule lecture des matières, n'empeschera pas que nous ne touchions à l'excellence de la charité envers eux.

IV. Combien la charité envers les pauvres et leur soulagement est conforme aux lois de la nature en général, et en particulier par l'exemple des corps célestes qui esclairent et conservent les éléments et leurs composez dont ils n'ont que faire, par l'exemple des mesmes éléments qui compatissent et se transmuent les uns aux autres et se portent violemment pour suppléer au vuide et au deffaut de leurs voisins, d'où leurs plus admirables effets tirent leurs causes.

V. Le mesme prouvé par l'exemple de l'épithyme, du lierre et autres plantes dont la foiblesse est supportée par les autres plus fortes; de l'abeille et de la fourmy; du soin que prennent les autres oyseaux, selon Suidas, à bastir un nid à l'oyseau nommé cincle, à cause de sa maigreur qui luy en oste la force.

VI. Que cette vertu estoit tellement honorée des Payens, qu'ils donnoyent au plus grand de leurs dieux le titre d'hospitalier. Que toute l'antiquité la recommande jusques à luy attribuer le nom d'humanité, pour instruire un chacun à la retenir aussi long-temps que le nom d'homme. Aussi voyons-nous toutes les religions si différentes convenir toutefois en ce point, d'avoir soin des pauvres.

VII. Combien cette charité est agréable à Dieu, par l'authorité de saint Jacques, qui en deffinit la pureté de la religion; par celle de saint Paul, qui soustient le martyre estre inutile sans elle, et surtout de nostre Seigneur, qui l'employe pour unique raison dans son arrest de vie et de mort éternelle.

VIII. Comme la conservation de la santé est plus estimée

et première en ordre que la cure des maladies, ainsi vaut-il mieux empescher la pauvreté et mendicité d'arriver que de la chasser estant venuë. Qu'il est impossible de chasser et extirper cette mendicité, si on ne luy ferme l'entrée d'un costé à mesure qu'on luy donnerra la chasse de l'autre. Ce que vouloit dire Esope quand il parloit d'empescher les rivières d'entrer dans la mer avant que la boire.

IX. Que le plus asseuré moyen et précaution pour empescher la pauvreté et mendicité d'advenir est de fournir promptement à tous ceux qui en sont menacez les occasions de s'ayder de leur industrie et des autres moyens qu'ils ont en main, qui autrement leur demeureroyent inutiles, d'autant que nul n'est contraint de recourir à ce misérable et dernier refuge de mendier sa vie, sinon à faute de sçavoir bien s'ayder de tous les autres moyens.

X. Le plus grand bien que l'on puisse faire à quelqu'un est de luy donner un bon avis selon saint Bernard, non seulement aux pauvres, mais aussi à toute personne, combien que les pauvres en soyent plus soulagez, comme en ayants le plus de besoin.

XI. C'est pourquoy nous commencerons par la prière qui est faite à un chacun de vouloir conférer au bien et utilité des pauvres tout ce qu'il estimera pouvoir servir soit à leur règlement général ou particulier, soit au soulagement de chacun d'iceux, pour faciliter leur logement, vestement, nourriture, traittement en maladie, et donner principalement de l'employ aux valides, la plus nécessaire aumosne qu'on leur puisse départir.

XII. Les conditions sous lesquelles nostre Bureau s'entremet de ces charitez sont, qu'il laissera l'honneur entier et tous les avantages que les autheurs se voudront promettre de leurs ouvertures et inventions concernants le règlement, police et administration desdits pauvres, et fera fidélement enregistrer sous le nom des autheurs d'icelles toutes les propositions qui seront faites à cette fin, ou autre commodité publique : leur en donnant certificats authentiques, pour leur servir en temps et lieu.

XIII. La seconde condition, que ledit Bureau ne s'entend charger d'aucuns deniers, ni de chose quelconque dont l'on voudroit faire aumosne ausdits Pauvres ou l'employer en autres œuvres pies. Ains seulement donnera l'addresse et indiquera aux personnes pieuses qui voudront aumosner quelque chose les pauvres honteux et autres necessiteux qui se seront venus faire inscrire audit Bureau ; et pareillement addressera lesdits pauvres honteux à ceux qui voudront leur faire du bien, lequel ils recevront de la propre main de leurs bien-faicteurs ou de ceux à qui ils en donneront charge, hors ledit Bureau.

En somme, ce que veut ce brave Théophraste, c'est que l'on trouve dans son établissement « l'adresse généralement de toutes les choses qui peuvent tomber dans le commerce et société des hommes », ces mille et mille renseignements qui sont nécessaires à chaque pas dans la vie commune, et « il ne tiendra pas plus à lui et à ses commis que tous les desseins des particuliers ne s'y trouvent qu'il ne fait au but et au blanc si les arquebusiers n'y donnent. L'expérience, d'ailleurs, en apprendra tous les jours de nouvelles utilités. N'a-t-il pas, outre l'autorité et approbation de Sa Majesté, l'une des meilleures marques d'une bonne institution, à savoir l'applaudissement général des peuples ? Enfin, Dieu ayant fait naître et autorisé ce dessein lorsque l'auteur travaillait pour les pauvres, qui sont ses membres, vraisemblablement il le bénira ».

Nous ne suivrons pas Renaudot dans cette énumération, qui est poussée jusqu'à la minutie, lui-même le reconnaît. « Aucuns jugeront plusieurs petites choses indignes d'une *institution royale* telle que celle-cy ; d'autres que j'abaisse trop mon stile, ne considérant pas qu'il se doit accommoder au peuple ; que les plus relevez ont souvent besoin des moindres choses, et qu'on ne tire guère de nourriture des fleurs, point du tout des figures. » Il y a cependant dans ce fouillis trop de curiosités pour que nous n'en extrayions pas quelques traits propres à montrer jusqu'où allait la prévoyance de ce brave Renaudot, et, par suite, jusqu'où allaient les besoins de l'époque.

### Du Livre premier.

XIV. Plusieurs personnes de tous sexes et aages estant las du monde, ou n'en ayants point encor gousté les misères, s'en voudroient bien retirer s'ils avoyent cognoissance des occasions et commoditez qui s'en présentent, desquelles ce Bureau tiendra un registre particulier, où seront inscrites les religions et conditions ausquelles on y pourra entrer.

XV. Les pauvres religieux qui n'ont pas assez de revenu ny employ au service divin pour en pouvoir vivre auront ici pareillement leur chapitre, affin qu'on leur puisse subvenir, soit en conférant quelque bénéfice à ceux dont la doctrine éminente et la vie exemplaire y pourra inciter quelque pieux prélat, soit en leur donnant quelque charge d'aumosnier d'un grand, ou autre employ sortable à leur condition.

XVI. Les pauvres artizants et autres menues gens malades, qui faute d'une saignée ou de quelqu'autre léger remède, encourent souvent de longues et périlleuses maladies, qui réduisent leur famille à l'Hostel-Dieu, trouveront icy l'adresse des médecins, chirurgiens et apothicaires, qui sans doute ne voudront pas céder à d'autres l'honneur de consulter, saigner et préparer gratuitement quelque remède à ces pauvres gens qu'on leur adressera.

XVIII. Pour ce qu'il se trouve des maladies secrettes lesquelles on ne veut découvrir à ceux de sa connoissance, ou des malades esloignez qui n'ont moyen de faire aller chez eux les médecins et chirurgiens fameux ausquels seuls ils se confient, ils pourront faire un factum bien circonstancié de leurs maladies, selon le modelle qu'on leur fournira au Bureau, s'ils le désirent, dans lequel ils n'emploieront point leurs noms, comme inutiles à leur cure, et le Bureau se chargera de leur faire donner promptement avis et consultation ample, au pied dudit factum, de ceux dont ils le voudront avoir.

XIX. Comme aussi ceux qui auront des affaires et procez intentez ou à intenter, qui voudront promptement avoir l'avis des consultants, en envoyants au Bureau le mémoire pour consulter, sans exprimer les noms si bon ne leur semble, y recevront promptement la responce signée des advocats fameux ou autres qu'ils désireront.

XX. Ceux qui ne pourront d'eux-mesmes dresser lesdits memoires et factums trouveront addresse au Bureau des personnes qui les dresseront, avec le secret et fidélité requise. Les jeunes advocats et autres praticiens qui voudront servir de solliciteurs ès grandes maisons, soit pour le Parlement ou ailleurs, se pourront icy addresser, afin que ceux qui cherchent des personnes propres à la conduite de leurs affaires les y puissent rencontrer.

XXI. Et s'il se trouve quelque partie qui, pour sa pauvreté ou autre empeschement, ne püisse poursuivre ses droits, elle pourra trouver, par l'adresse dudit Bureau, personnes qui luy ayderont à en faire les poursuites en justice, ou bien à tirer ce quelle pourra, par accord et composition amiable, de ce qui luy seroit autrement inutile.

## Du Livre second.

I. Notre Bureau fournit d'addresse pour achepter et vendre les estudes et pratiques des procureurs et notaires, les bibliotecques, droicts et permissions de tenir boutiques, soit sous des veufves de maistre, comme chirurgiens, apoticaires, orfèvres et autres, soit par l'obtention de lettres de franchises, de maistrises de tous arts et mestiers dont l'on trouvera les noms audit Bureau, et la facilité d'y parvenir. Ce qui retiendra dans l'exercice des arts et professions susdites plusieurs anciens compagnons et autres jeunesses qui se desbauche faute de rencontrer pareilles occasions.

II. A cette mesme fin on y tiendra roolle des maistres

d'apprentissage qui chercheront des apprentifs, et des conditions ausquelles ils les voudront prendre. Et pareillement des apprentifs qui chercheront maistres pour estre instruiz en toutes sortes d'arts et mestiers.

III. L'un des principaux buts de cette institution estant de donner à toutes personnes un employ sortable à leur qualité, ce lieu sera distingué en autant d'articles qu'il y a de conditions différentes de personnes qui demandent cet employ, ou qui ont affaire, soit de chappelains et aumosniers dont il a été cy-dessus parlé; escuyers et gentils-hommes suivants ( secrétaires, maistres d'hostel); gouverneurs et prœcepteurs d'enfants, pour la maison, l'académie ou le collége ; solliciteurs susdits ; valets de chambre ; clercs ou copistes.

IV. Soit de 1 de cuisiniers, 2 fruitiers et confituriers, 3 someliers, 4 blanchisseurs, 5 carrossiers, 6 postillons, 7 palefreniers et valets d'estable, 8 vadepied et laquais, 9 et autres serviteurs quelconques.

VII. On y trouvera pareillement addresse des lieux où se tiennent les meilleures academies pour les exercices de la noblesse, colléges et petites escolles, tant d'escriture que de langues latine, grecque ou autres. Leçons, répétitions, disputes, conférences, dissections, dispensations et compositions de remèdes tant publiques que particulières. Maisons où l'on prend des pensionnaires et demy-pensionnaires, et à quelles conditions. Priviléges d'escolier juré et autres. Degrez à conférer de maistre ès arts, baccalauréat, licence, et doctorat en toutes facultez, à ceux qui en seront dignes.

IX. Noms et demeures de toutes les personnes de considération, et ausquelles on a souvent affaire.

XI. Addresse des chemins ez païs éloignez. Associations pour negoces et trafic par mer et par terre. Les commoditez de faire tenir et recevoir promptement nouvelles des lieux où on aura affaire, et y donner correspondance pour affaires sans y aller. Sçavoir le prix courant des marchandises ez lieux de trafic. Peuplades d'isles et terre nouvellement découvertes.

Donner addresse de ceux qui ont 1 argent à prester et emprunter, 2 ou bien à employer en achapt d'héritages, 3 rentes seigneuriales, 4 foncières, 5 et constituées sur le Roy, 6 la maison de ville, 7 corps et communautez, 8 et particuliers. Donnant moyen, tant aux créanciers et acquéreurs qu'aux débiteurs et vendeurs, de choisir les plus justes conditions qui s'offriront à eux.

XIII. Les baux à loyer des maisons et chambres vuides et garnies en la ville et fauxbourg, et les fermes des terres et seigneuries aux champs.

XIV. La mesme commodité s'y trouvera pour l'achapt et vente des meubles inutiles au vendeur, et des marchandises qui ne se peuvent aysément estaler en boutique.

XVI. Pour voir vendre et achetter à bon prix toutes choses exquises, comme 1 tableaux, 2 figures, 3 médailles et monnoyes antiques, 4 manuscrits et livres, 5 plantes, et oignons rares de toutes sortes, 6 coquillages, 7 animaux estranges, et 8 tout ce qui s'apporte de païs loing-tain, 9 instruments de mathématiques, 10 alambics et autres outils de distillation, 11 et généralement tous meubles curieux que l'on n'a qu'avec grande despence, et dont on trouve malaisément à se défaire quand on en est las.

XVIII. 1 gardes experts à traiter malades, 2 divers lieux publics et particuliers ausquels on traite toute sorte de maladies, et les conditions, 3 où se trouve, à prix raisonnable, de bons médicaments, tant simples que composez, 4 eaux de Spa, Pougues, Forges, et autres minérales récentes, puizées fidellement et soigneusement conservées, 4 baignoires, demy-bains, estuves, archets, tonneaux, chaires de gouteux, 6 et autres instruments propres à traitter malades, où se trouvent à bonnes conditions tous les aliments propres ausdits malades : comme gelée de viande et corne de cerf, citrons et grenades en tout temps, eaux de veau et volaille, coulis consommez et restaurants fidellement faits, ou les manière et façon de les bien préparer, 8 autres lieux en bel air pour laisser reprendre les forces à ceux qui relèvent de maladie, en ville, aux faux-bourgs et aux champs.

XIX. Ceux qui voudront faire sçavoir quelque chose à qui s'en informera, 1 qui son vœu, 2 son mariage fait ou à faire, 3 une naissance, une mort, 4 ou autre chose dont il luy importera de conserver la mémoire, 5 l'un son arrivée, demeure en cette ville, ou départ d'icelle, 6 l'autre son changement de quartier.

XX. Les commoditez, 1 de faire voyage en compagnie à ceux qui la désirent, 2 chevaux, mulets, litières, brancars, carosses, charettes et batteaux qui s'en iront ou retourneront à vuide, au contentement des uns et des autres, 3 les logis, jours et heures du partement des messageries, courriers et rouliers ordinaires.

XXI. Les salles à louer pour faire nopces, etc.

Enfin cette pièce, si éminemment caractéristique, se termine par une sorte de placard, surmonté des armes royales, qui se voient également sur le titre de la brochure :

## DE PAR LE ROY.

On fait assavoir à toutes personnes qui voudront vendre, acheter, louër, permuter, prester, emprunter, apprendre, enseigner; aux maistres qui veulent prendre des serviteurs, et à ceux qui cherchent conditions pour servir, en quelque qualité que ce soit; à ceux qui auront les lieux, commoditez et industrie propres pour estre employez à quelques-unes des choses mentionnées en ce présent livre, ou qui auront d'autres avis à donner ou recevoir pour toutes sortes d'affaires, négoces et commoditez quelconques, qu'ils y seront reçus indifféremment, sans qu'on y préfère ou favorize aucun autre que celuy qui fera la condition du public meilleure; et qu'ils se pourront addresser au Bureau estably à cet effet par Sa Majesté pour la commodité publique, qui est ouvert depuis huict heures du matin jusques à midy, et depuis deux jusques à six de relevée, ausquelles heures chacun sera receu à y venir, ou envoyer donner et rencontrer l'addresse qu'il désirera.

Il y a cependant une restriction, et elle est curieuse :

V. La corruption du siècle, le soupçon et la médisance excuseront le Bureau envers les dames et damoiselles de ce qu'il en permet l'entrée aux hommes seulement, et la dévotion et charité familière à leur sexe leur fera supporter en gré la peine qu'on leur donnera de se pourvoir hors ledit Bureau de demoiselles suivantes, filles de chambre, femmes de charge, nourrices et autres servantes.

VI. Et néantmoins, pour ce que la pudeur et la retenue

des filles et femmes d'honneur leur permet beaucoup
moins qu'aux hommes de rechercher en personne les
employs pour servir et gaigner honestement leurs vie, et
par ainsi qu'elles ont d'autant plus besoin que les rencontres de conditions sortables à leur qualité leur soyent,faci-
litées, il n'a pas semblé juste qu'elles et les maistresses qui
en auront besoin demeurassent privées de cette commodité, qui doit être publique. C'est pourquoy (suivant le
pouvoir qu'il a pleu à Sa Majesté nous en donner), nous
mettrons ordre d'addresser ceux qui viendront au Bureau
de leur part chez les plus anciennes et preudes femmes, et
de vie et mœurs les plus exemplaires d'entre celles qui
feront ledit exercice, pour leur faire rencontrer lesdites
conditions.

De ce programme quelque peu touffu, mais qui
témoigne de la bonne volonté de Renaudot, il y a
évidemment beaucoup à rabattre ; mais les services que pouvait rendre, à cette époque, une pareille institution, si rudimentaires qu'on en suppose
les commencements, n'en sont pas moins évi-
dents, même au point de vue de la police générale.
Aussi vit-on le gouvernement s'en servir pour
combattre le vagabondage. Ainsi une ordonnance
de police du 27 février 1640, rappelant de précédents règlements concernant les forains et étrangers qui cherchaient condition ou emploi, ordonnait que dans les vingt-quatre heures ils se reti-
rassent du Bureau d'adresse, pour déclarer leurs

nom, surnoms, lieu de leur naissance, condition
et demeure, à peine d'être tenus et réputés pour
fainéants et vagabonds et punis comme tels; et,
pour l'avenir, portait défense à tous hôteliers de
les loger plus d'une nuit sans qu'ils aient rapporté
certificat dudit Bureau, et commandait aux artisans d'y aller chercher les compagnons et appren-
tis dont ils auraient besoin.

## NOTRE PREMIER HOTEL DES VENTES ET NOTRE PREMIER MONT-DE-PIÉTÉ.

Bref, l'utilité de la nouvelle institution fut bien vite et universellement appréciée : aussi les Bureaux d'adresse se multiplièrent-ils rapidement, sous l'impulsion de leur fondateur, qui en fut nommé maître et intendant général.

Il faut dire aussi que Renaudot ne cessait de travailler au perfectionnement de son œuvre, prévoyant, étudiant toutes les circonstances où des besoins sociaux réciproques se correspondent, se cherchent, et ont intérêt à avoir un centre commun où se rencontrer.

Ainsi le Bureau d'adresse, qui n'était, dans l'origine, qu'un simple bureau de placement, était bien vite devenu, par la force même des choses, dans un temps où la publicité faisait absolument défaut, un bureau de renseignements universels, faisant absolument l'office de notre Bottin et des annonces des journaux.

Durant quelque temps, il se renferma dans ce rôle d'indicateur, rôle indiqué par son nom même, sur la signification duquel Renaudot revient à plusieurs reprises. Il tient à ce qu'on ne le soup-

çonne pas de vouloir entreprendre sur la charge
et profession d'autrui. Le Bureau, répète-t-il, ne
fournira d'aucune autre chose que d'adresses et
mémoires pour faire rencontrer à chacun ses nécessités et ses commodités, en leur donnant plus
prompte et facile connaissance des personnes et
lieux où ils les trouveront.

Cependant il en vint bientôt à se dire que, « s'il
y avait bien quelques personnes qui eussent le·
loisir de venir au Bureau ou d'y envoyer quérir
le billet contenant l'adresse des choses dont ils se
voulaient accommoder, il y en avait un beaucoup
plus grand nombre d'autres qui, tenant de l'impatience familière à notre nation, perdent la volonté
des choses si elles ne sont présentes. Joint que
l'adresse se faisait quelquefois à l'un des bouts de
Paris ou ses faubourgs, et possible vers un étranger qui en était délogé le jour d'auparavant pour
s'en retourner en son pays, ou vers quelque autre
qui avait disposé de son affaire sans en venir faire
décharger le registre du Bureau, comme il s'en
était obligé, donnait quelquefois une peine inutile, qui apportait du dégoût ».

Combien les choses seraient-elles simplifiées,
et combien son établissement rendrait-il de plus
grands services et gagnerait-il en importance, s'il
pouvait y mettre sous la main des intéressés cer-

tains objets dont il s'était borné jusque-là à donner l'adresse ! Nul doute que les échanges et les ventes amiables n'en fussent singulièrement facilités. N'y aurait-il pas mieux à faire encore ? Ces ventes amiables, si volontaires qu'elles soient, sont souvent imposées par de dures nécessités, et le fugitif soulagement qu'en retire celui qui s'y résigne est une bien faible compensation de la souffrance qu'elles lui imposent.

Il y avait là des problèmes bien faits pour tenter l'âme ardente de Renaudot.

Il avait de bonne heure songé à faire jouir ses compatriotes d'une institution qui existait déjà dans plusieurs pays voisins, et qui avait été créée pour combattre l'usure, cette plaie de l'ancienne société : nous voulons parler des monts-de-piété. Le gouvernement s'était, à plusieurs reprises, mais toujours sans succès, préoccupé de doter la France d'établissements de ce genre. En 1626 encore, un édit du mois de février avait ordonné la fondation d'un mont-de-piété ou banque de prêt dans les principales villes du royaume ; mais cet édit, renouvelé en 1627, était resté lettre morte.

En dépit de l'insuccès de ces tentatives, Renaudot n'hésita pas à les reprendre pour son compte. En 1636, il présenta au gouvernement le projet d'une banque populaire qui différait très peu des monts-de-piété actuels. Ce projet fut favorablement accueilli, et, par brevet du 1er avril, le roi, « désirant le gratifier et favorablement traiter en conséquence de ses services, et pour donner moyen à lui et aux siens de continuer, leur fit don, exclusivement à tous autres, de la direction et intendance générale des monts-de-piété, qu'il unit inséparablement et incorpora à celle des bureaux d'adresse, pour en jouir par eux à perpétuité, à partir du jour que l'établissement desdits monts-de-piété aura été résolu par Sa Majesté en son conseil ».

Cette dernière réserve n'était pas faite pour encourager Renaudot, à qui elle rappelait les interminables enquêtes qui avaient si longtemps retardé l'établissement de ses bureaux d'adresse. Mais, instruit par l'expérience, il tourna la difficulté d'une façon fort habile. Il demanda l'autorisation d'ouvrir, en attendant, des bureaux de *ventes à grâce* — à réméré — des meubles et autres biens quelconques.

Et, chose curieuse, ce n'est pas au nom des pauvres, c'est au nom de la noblesse qu'il sollicita cette faveur. Il faut dire que la noblesse elle-même, ruinée par les guerres de religion et par les dépenses qu'exigeait le service de la cour,

avait, en 1614, demandé l'établissement, dans son
intérêt, de banques de prêt sur gage.

Quoi qu'il en soit, l'ouverture des bureaux de
ventes à grâce fut autorisée par un arrêt du Conseil
du 27 mars 1637, dont les considérants méritent
d'être rapportés.

Sur ce qui a esté représenté au Roy en son conseil, par
Théophraste Renaudot, intendant général des Bureaux
d'adresse de France, qu'il se présente journellement en
sesdits Bureaux plusieurs gentilshommes et autres sujets
de Sa Majesté qui auroient grand désir de la servir en ses
armées, s'ils estoient promptement secourus et aidez d'argent
en la nécessité présente pour se mettre en équipage,
ayant des meubles et autres biens qu'ils exposeroient volontiers
en vente, si la honte ne les retenoit et empeschoit
de découvrir leur indigence, laquelle ne pourroit être tenue
secrète s'ils se servoient du ministère des revendeurs, revenderesses
et autres menues gens qui ont accoustumé de
s'entremettre de tel négoce, joint le peu de sûreté qui se
rencontre parmi eux ; ce qui n'arriveroit si lesdites ventes
se faisoient par le ministère des commis dudit Renaudot,
qui en useroient plus discrétement et fidellement, comme
ils font des autres choses à eux commises et confiées ;
mesmes que ceux qui ont à présent besoin d'argent pour
l'acquittement de leurs dettes, payement de leurs tailles,
emprunts ou contributions, se pourroient servir de la
mesme commodité pour trouver les fonds qui leur seroient
nécessaires, et par ce moyen éviter les emprisonnements
de leurs personnes, saisies et ventes judiciaires de leurs
biens à vil prix ; offrant ledit Renaudot, pour la commo-

dité publique et service de Sa Majesté, d'y contribuer ses soins, affection et industrie, pourveu qu'il plaise à Sa Majesté lui accorder un salaire raisonnable pour l'entretenement de ses commis, en attendant l'establissement des Monts de Piété, dont elle a témoigné qu'elle avoit agréable de luy accorder l'intendance pour la joindre à celle desdits bureaux : SA MAJESTÉ, en attendant qu'elle ait examiné en son dit conseil les propositions ci-devant faistes pour l'établissement desdits Monts de Piété, a permis et permet audit Renaudot de prester son ministère à tous les sujets de Sa Majesté et régnicoles qui voudront vendre ou acheter, troquer ou échanger des hardes, meubles, marchandises et autres biens généralement quelsconques, dont le commerce n'est prohibé par les ordonnances ; sans que, pour raison desdites ventes, troques ou achats qui se feront par ledit Renaudot, ses commis ou autres par lui preposez en ses bureaux, soit purement et simplement ou à condition de rachat, il puisse prétendre autre plus grand droit que *six deniers pour livre du prix de la chose vendue ou échangée*, laquelle ne pourra estre réclamée ni vendiquée, sous quelque cause et occasion que ce puisse être, non plus que si elle avoit esté vendue par autorité de justice, si ce n'est en cas de larcin. Faisant Sa dite Majesté défenses, etc.

Dans l'article du *Mercure français* que nous avons déjà cité, Renaudot explique ainsi l'*usage et commodités des ventes à grâce du Bureau d'adresse*, « commerce inconnu jusqu'alors, bien que la commodité en fût telle que chacun sait, et qui se reconnaît par la fréquence du peuple qui y a journellement recours » :

« Il reste à faire gouster au public, dans l'exécution, les commoditez qu'il en recevra, et que
cette institution, comme elle est volontaire en
toutes ses parties (nonobstant l'impression contraire qu'en pourront donner les larrons, usuriers
ou monopoleurs, qui seuls n'y trouveront pas
leur compte), n'a pas moins d'innocence, mais
apportera beaucoup plus d'utilité aux particuliers
que toutes les autres de céans, dont aucune jusques à présent n'a donné juste sujet de plainte,
puisqu'on y augmente et facilite le légitime
commerce de tous, et qu'on n'interdit à aucun le
sien ordinaire.

« Aussi à vray dire, les ventes, troques et achats
qui se font désormais céans en exécution de l'arrest
du conseil cy-dessus, manquaient auparavant à
la perfection de ce bureau : y ayant bien quelques
personnes qui ont le loisir d'y venir ou envoyer
quérir le billet contenant l'adresse des choses dont
ils se veulent accommoder, mais beaucoup plus
grand nombre d'autres qui, tenant de l'impatience
familière à nostre nation, perdent la volonté des
choses si elles ne sont présentes. Joint que l'adresse
se faisant quelquesfois à l'un des bouts de cette
ville ou fauxbourgs de Paris, et possible vers un
étranger qui en estoit délogé le jour d'auparavant
pour s'en retourner en son païs, ou vers quel-

qu'autre qui avait disposé de son affaire sans en venir faire descharger le registre du bureau, comme il s'y estoit obligé, donnoit quelquesfois une peine inutile qui apportoit du dégoust. Au lieu qu'à présent les deux parties, si elles le désirent, se rencontreront dans le bureau, qui sera par ce moyen vrai bureau de rencontre, comme porte son nom et institution, ou du moins la chose dont on se voudra accommoder s'y trouvera avec son juste prix, de laquelle on se pourra approprier sur le champ par l'intervention d'un des commis du bureau, qui aura pouvoir d'en traiter : et ainsi on n'y viendra plus à faux, car tous y trouveront, aux heures ci-après déclarées, certaine responce à leurs demandes.

« Et notamment quiconque y voudra apporter des hardes, meubles, marchandises, et les mémoires d'autres biens généralement quelconques et choses licites à soy appartenants, sera asseuré de ne s'en retourner point sans quelque contentement. Pour ce que, ou il rencontrera la juste valeur desdites choses en eschange et troque ou en argent, et en ce cas il ne tiendra qu'à luy qu'il ne les eschange ou vende purement et simplement, ou s'il en trouve moins qu'il ne les estime, il les vendra à grâce et faculté de rachapt, en estant quite en l'un et l'autre des cas cy-dessus pour les six deniers pour livre du prix de la chose venduë ou eschangée.

« Pour exemple, celuy qui apportera une bague ou tapis de Turquie qu'il estimera cent écus, s'il en trouve autant, le vendra et en touchera tout l'argent, à la réserve de sept livres dix sols, à quoy se montent les six deniers pour livre du prix de la vente : et le bourgeois, orfèvre, frippier, ou autre qui l'aura acheté, l'emportera et en disposera comme du sien. Que si le vendeur ne trouve que deux cents livres et l'estime davantage, il luy sera permis de le vendre à grâce et faculté de le retirer dans le temps qu'il prendra, en payant seulement cent sols pour les dits six deniers pour livre. Au bout duquel temps le vendeur rapportant deux cents livres, la dite chose luy sera renduë. Autrement la chose sera venduë purement et simplement au premier jour de vente qui se fera audit bureau immédiatement après ledit temps expiré, en sa présence ou absence, sans aucune autre signification que celle qu'on luy en a fait de bouche en luy baillant ladite somme lors de la vente à grâce, et le surplus ( si aucun est ) sera rendu au précédent propriétaire de la chose, ou autre ayant pouvoir de luy, s'ils la viennent requérir dans un an et demy pour tous délaiz : lequel temps passé, ils n'y seront plus reçus.

« A ce qu'aucun n'en ignore.

« Et sera pour cet effet le bureau ouvert depuis huict heures jusqu'à unze du matin, et depuis deux jusqu'à cinq de relevée.

« Tous sont aussi avertis de n'y apporter ou envoyer aucune chose dérobée ; l'exacte perquisition qu'on en fera estant un moyen infaillible d'attrapper tost ou tard les larrons et receleurs, et les faire punir, sans miséricorde, comme il est desjà arrivé (1). »

Suivent, sur « l'ordre qu'on y observe », des détails que nous nous abstiendrons de reproduire, mais qui étaient parfaitement entendus.

Les ventes publiques avaient lieu une fois par semaine, au moins dans l'origine, et étaient annoncées à l'avance. C'est du moins ce qu'on peut inférer de l'avis suivant que je rencontre dans une annexe de la *Gazette*, de 1637 :

« Chacun est convié de se trouver, samedi prochain, sur les 2 heures après midi, à la continuation de l'inventaire et vente publique qui se fera

(1) Ailleurs : « Ceux à qui on aura dérobé quelque chose sont avertis qu'en envoyant le mémoire au Bureau d'adresse, les dites choses y seront arrêtées, si on les y apporte, et n'y seront pas vendues, non pas même à grâce et faculté de rachat, comme toutes les autres qui y sont tous les jours exposées à un chacun ».

au Bureau d'adresse de plusieurs tableaux, pièces de cabinet et curieuses, perles, pierreries, or et argent en œuvre, et autres meubles, et se continueront tous les samedis, Dieu aidant, à pareils jour et heure, tant que l'occasion d'une autre plus grande commodité nous oblige à vous avertir du changement. »

A ces deux « commodités singulières » — ventes amiables ou publiques et prêts sur gage — le Bureau d'adresse en ajouta bientôt une troisième non moins appréciable : il se chargea de procurer aux personnes qui avaient de l'argent à utiliser les occasions de placer cet argent, soit par achat, héritages et maisons de ville ou à la campagne, soit par achat d'offices, constitution de rentes, obligations sur des particuliers, etc.

Ces opérations, si nouvelles alors, fournirent naturellement aux ennemis de Renaudot un prétexte de crier à l'usure. Je me bornerai à faire remarquer qu'elles étaient autorisées par le gouvernement, qui en avait lui-même fixé les conditions, et on trouvera que ces conditions étaient loin d'être léonines, si on les compare à ce qui existe encore de nos jours. Ce qui est certain, c'est qu'elles n'enrichirent point Renaudot, obligé de faire face avec ses seules ressources aux frais considérables de tant de services si divers.

## NOTRE PREMIER DISPENSAIRE
## PREMIER LABORATOIRE PUBLIC DE CHIMIE.

On voit, par tout ce qui précède, quels développements inattendus avait pris en peu d'années le Bureau d'adresse; mais c'était toujours et avant tout, dans la pensée de son fondateur, une institution charitable.

« Chacun sait, dit-il dans un de ses factums, combien de milliers de pauvres personnes se sont retirées de la mendicité, ou l'ont évitée, par les emplois qu'elles ont rencontrés et qui leur sont tous les jours donnés audit Bureau d'adresse. Mais, pource qu'il n'y a point de pauvreté plus à plaindre que celle des malades, ce Bureau s'est particulièrement adonné à leur traitement. »

Renaudot, en effet, y consacrait tout le temps et tout l'argent dont il pouvait disposer; il lui en coûtait tous les ans « plus de 2,000 livres du sien, outre son temps, son industrie et sa peine, pour donner à ces pauvres malades les consultations et les remèdes dont ils avaient besoin ».

Ces consultations attirèrent bien vite un concours de population qui allait chaque jour grossissant, si bien que Renaudot dut songer à se faire assister par d'autres médecins, et finit par organiser, dans cette élastique maison du Grand-Coq, sous le nom de *Consultations charitables pour les malades*, ce que nous appelons aujourd'hui un Dispensaire.

Il avait, dit-il, fait appel aux médecins de l'école de Paris. Quelques-uns étaient venus au commencement, mais le blâme qu'ils en avaient reçu de leur corps — nous dirons bientôt pourquoi — les en avait fait retirer. Les docteurs en médecine de Montpellier et des autres Universités fameuses qui se trouvaient à Paris, au nombre de quatre-vingts ou cent, et qui ne cédaient point aux autres en doctrine et expérience, les surpassèrent en charité; ils venaient alternativement, tous les jours, donner leurs conseils gratuits à tous les pauvres malades, qui s'y trouvaient en telle foule pour y recevoir du soulagement en leurs maladies, qu'ils étaient contraints de se partager en plusieurs bandes, afin de leur donner plus promptement secours, sans faire attendre leurs ordonnances, — qui se faisaient en latin.

Il serait inutile d'insister sur l'importance de cette nouvelle « invention » de la charité de Renaudot. A cette époque, le nombre des docteurs-médecins était encore fort restreint; à Paris, on

en comptait à peine un cent. De plus, les médicaments étaient d'un prix assez élevé. Enfin, les
personnes qui n'étaient pas assez riches pour se
faire traiter chez elles avaient beaucoup de ré-
pugnance à se rendre à l'hôpital, où on était alors
fort mal soigné. C'était donc rendre un grand
service aux gens peu aisés que de leur fournir
gratuitement, ou pour une somme très modique,
les remèdes dont ils avaient besoin. Tel était, en
effet, le but des Consultations charitables. Voici,
d'ailleurs, comment Renaudot exposait le méca-
nisme de cette nouvelle institution :

« Comme il n'y a pas de conclusion plus universellement approuvée de tous les peuples et religions du monde que celle-ci : qu'il faut soulager
les pauvres, — ainsi faut-il renoncer à l'humanité
pour en réprouver le dessein ; et pour ce que, de
toutes les professions destinées au bien et soulagement des hommes, il n'y en a point de plus nécessaire que la médecine, car, ayant été créée de
Dieu pour remédier à leur plus pressante nécessité, qui est la maladie, c'est pourquoi, tandis que
je minute en mon esprit les moyens de réduire en
pratique les règlements approuvés pour soulager
toute sorte de pauvres, je tends l'une de mes mains
aux malades, et invite de l'autre tous ceux qui me
peuvent aider en ce charitable projet, le succès

duquel a déjà tellement répondu à ce que je m'étais promis, qu'il y a grande apparence que Dieu autorise de sa sainte bénédiction une si louable entreprise (1).

« Car, encore que les pauvres malades aient toujours reçu de moi l'assistance gratuite qu'ils m'ont demandée, si est-ce que, vaquant plus assiduement, depuis quatre mois, à consulter pour leurs maladies, je puis assurer qu'il ne s'en est renvoyé depuis ce temps-là aucun, non seulement sans l'ordonnance des médecins fameux qui ont voulu exercer chez moi cette charité, mais encore sans qu'on leur ait fourni de quoi payer les remèdes ordonnés, quand ils l'ont désiré ou qu'il est venu à notre connaissance qu'ils en avaient besoin. Nonobstant laquelle charité, il se trouve de l'argent de reste, de la largesse des malades qui ont voulu contribuer quelque chose pour les pauvres.

« Ceux, en effet, qui viennent chercher céans assistance en leurs maladies, sont de trois sortes :

(1) Cet appel à la charité était bien naturel et assurément très légitime. Mais où les ennemis de Renaudot n'auraient-ils pas trouvé à mordre? Aussi ne manquèrent-ils pas de s'attaquer à cette « boëte mercenaire et honteuse, laquelle a toujours été dans les Bureaux des Consultations charitables, attendant les effets de la charité des malades, que l'on se vante d'assister si libéralement et gratuitement. »

« Les uns sont riches et accommodés, lesquels, après avoir reçu le conseil que leur ont donné par écrit tant de gens d'honneur qu'ils voient présents, ou qu'étant absents ils ont envoyé consulter, sur un mémoire contenant le récit de leur mal et des remèdes qui leur ont été administrés, sans dire leurs noms, qui ne sont de rien à la guérison des malades : ces premiers exercent fort volontiers. libéralité de quelque chose qu'ils destinent à faire médicamenter les pauvres, qui n'est pas la moitié de ce que leur coûterait ailleurs une consultation.

« Les autres sont si peu accommodés qu'ils n'ont pas moyen de faire aucune charité ; toutefois leur pauvreté ne va pas jusqu'à avoir besoin d'aumône, et n'est pas telle qu'ils ne puissent avoir de quoi payer à leur apothicaire et chirurgien les remèdes qu'on leur a ordonnés ; et ceux-là s'en retournent avec leur ordonnance, sans faire aucune charité ni en recevoir d'autre que celle d'un conseil qu'on leur a donné ; même offrent souvent de donner aux pauvres quelque témoignage de leur reconnaissance, laquelle on refuse lorsque leur incommodité est connue , encore qu'il s'en trouve quelques-uns de cette seconde sorte qui donnent malgré nous quelque petite aumône, sur l'opinion que leur charité redoublera la bénédiction de Dieu sur les remèdes qu'on leur a ordonnés.

« Les troisièmes sont pauvres mendiants, ou qui sont retenus de mendier par la seule honte, lesquels, avec l'ordonnance, reçoivent, ou leur chirurgien ou apothicaire pour eux, la somme à laquelle on a composé pour leurs remèdes, les faisant ressouvenir qu'ils travaillent pour des pauvres, sur lesquels ils se doivent simplement indemniser de leur déboursé. En quoi j'ai véritablement à me louer du zèle et affection que les maîtres apothicaires et chirurgiens de cette ville ont témoigné, en toutes les occasions qui se sont présentées, de servir les pauvres, n'y en ayant aucun qui ne se soit volontairement offert à contribuer gratuitement sa peine et son industrie à ce bon œuvre. »

Il est à croire que les apothicaires y trouvaient leur compte. Le grand art de Renaudot avait été de se faire des alliés de ces éternels ennemis de la Faculté de médecine.

Les Consultations charitables furent officiellement reconnues par des *Lettres patentes du roi en faveur des pauvres, et particulièrement des malades,* données à Chantilly, le 2 septembre 1640, et que nous croyons devoir reproduire :

« Louis, etc. Notre très cher et bien amé Théophraste Renaudot, Docteur en médecine, l'un de nos conseillers et

2***

médecins ordinaires, maître et intendant général des Bureaux d'adresse de France, s'étant de longue main employé à la recherche de plusieurs inventions et moyens pour l'emploi des pauvres valides et traitément des invalides, et généralement à tout ce qui est utile et convenable au règlement desdits pauvres, pour lequel nous l'aurions mandé exprès dès le mois d'octobre de l'an 1612, et à icelui permis et accordé par notre brevet dudit jour de mettre en pratique et établir toutes sesdites inventions, avec défenses à tous autres qu'à ceux qui auront pouvoir exprès de lui de les imiter, altérer ou contrefaire; même icelui pourvu de la charge de commissaire général des pauvres de notre royaume par arrêt de notre Conseil d'Etat du 3 février 1618. Ledit Renaudot n'aurait pas seulement vaqué à la perquisition des secrets et choses les plus cachées en l'art de médecine, dont il fait profession depuis 35 ans, mais encore, depuis l'établissement desdits bureaux d'adresse reçu en iceux toutes les personnes curieuses qui y font expérience de plusieurs inventions utiles au public, et particulièrement auxdits pauvres, lesquels y reçoivent gratuitement conseil et assistance en leurs maladies, et incommodités, par la charité des médecins, chirurgiens et apothicaires qui s'y assemblent à cette fin.

« Et d'autant qu'une partie des expériences qui s'y font sont des remèdes tirés des plantes, animaux et minéraux, pour la préparation desquels il est obligé de tenir toute sorte de fourneaux, alambics, matras, récipients, et autres vaisseaux et instruments de chimie et spagyrie, pour extraire, par les opérations dudit art, toutes sortes d'eau, huiles, sels, magistères, extraits, quintessences, chaux, teintures, régules, précipités, et généralement tous les autres effets dudit art de chimie, lesquels se trouvent fort

utiles à la guérison des maladies, lorsqu'ils sont méthodi-
quement administrés selon les préceptes de la médecine.

« Désirant favoriser cette louable institution et donner
sujet à tous ceux qui auraient quelque invention utile au
public de ne l'en pas vouloir frustrer, mais plutôt lui en
faire voir l'expérience, nous avons par ces présentes permis
et accordé, permettons et accordons à tous ceux qui auront
quelque invention ou moyen servant au soulagement des
dits pauvres, tant valides que malades et invalides, mêmement quelque remède tiré des végétaux, animaux et mine-
raux, par le régime du feu ou autrement, le pouvoir faire
en la maison dudit Renaudot et en sa présence, et non
ailleurs. Et, pour cet effet, avons permis audit Renaudot
de tenir chez lui lesdits fourneaux, et y faire toute sorte
d'opérations chimiques servant à la médecine seulement.

Nous reviendrons sur ces lettres patentes, dont
l'importance, surtout dans leur dernière partie,
n'aura échappé à personne. Il paraîtrait, en effet,
que ce ne fut pas sans quelque difficulté que Renaudot obtint cette permission de tenir « toute sorte
de fourneaux et alambics » ; Jal'va jusqu'à dire qu'il
aurait été obligé, pour en venir à ses fins, d'acheter
une charge de conseiller à la Cour des monnaies,
qui avait sous sa surveillance tout ce qui touchait à
la distillerie, et qu'il aurait pris rang dans cette
Cour le 29 juillet 1639

Nous verrons plus tard ce que vaut cette étrange
assertion, si fort en opposition avec ce que nous
savons de Renaudot.

Toutes ces opérations, tous ces services, devaient attirer journellement au Bureau d'adresse
une affluence dont on se fera facilement une idée.
Mais il avait encore d'autres attractions, dont
nous avons remis à parler, pour ne pas interrom-
pre l'histoire de son développement comme institution charitable.

C'était d'abord la *Gazette*, dont la création
avait suivi de près celle du Bureau lui-même, et
qui devait naturellement y amener les nou-
vellistes.

C'était ensuite une académie des sciences au
petit pied, qui attirait les érudits et les curieux.

« On peut se figurer d'après tout cela ce qu'était,
au milieu du vieux Paris, cette maison du Grand-
Coq de la rue de la Calandre, toujours pleine
d'allants et de venants : malades attendant une
consultation, étudiants, apothicaires, crieurs publics, gens de toute sorte, venant porter ou demander des renseignements ; pauvres honteux,
fripiers ou marchands ambulants ; dans les cours
et dans les salles, un pêle-mêle d'objets bizarres

et disparates : des fioles, des fourneaux et des alambics, tout l'attirail d'une grande imprimerie, des monceaux d'objets de toute nature, étiquetés et classés par un peuple d'employés; et, au milieu de tout cela, un seul homme veillant à tout, répondant à tous, distribuant à chacun sa besogne, enseignant, distillant, vendant ou achetant, lisant les nouvelles politiques, rédigeant tour à tour une consultation, un article de journal ou un bordereau, et trouvant encore le temps de visiter des malades au dehors, et de remplir ses devoirs de courtisan et d'homme du monde. ».

Ce tableau, quelque peu fantaisiste, est de M. Raynaud, qui s'était inspiré, dans cette circonstance, d'un autre beaucoup plus accentué, que nous rencontrerons sous la plume d'un ennemi de Renaudot. Il y a bien dans cette amplification un fonds de vérité; mais je l'ai citée surtout pour montrer la facilité avec laquelle les meilleurs esprits se laissent aller à la tentation de forcer les couleurs.

Quoi qu'il en soit, Paris, la France, n'avaient assurément rien vu encore de pareil à cette maison du Grand-Coq, et je ne sais si l'on trouverait dans la suite de notre histoire un autre établissement qu'on lui puisse comparer.

Et pour ce qui est de Renaudot, bien qu'il ne

rédigeât point de bordereaux, comme bien on le
pense, qu'il ne s'entremît d'aucune façon dans les
achats et les ventes, combien pourrait-on citer
d'hommes qui aient déployé, dans la poursuite
du bien, plus de dévouement, plus d'ingéniosité,
plus d'activité, et aussi plus de patiente énergie?
car tout ce bien ne se fit pas sans lutte, on l'a
déjà vu, et on le verra mieux encore tout à l'heure,
sur un autre terrain.

J'aurais voulu donner quelques détails sur la
maison qui pouvait suffire à tant et de si divers
emplois; mais je n'ai absolument rien trouvé
là-dessus dans les descriptions de Paris, pas plus
dans les nouvelles que dans les anciennes, et
aujourd'hui la trace même en a complètement
disparu. Elle a été rasée, ainsi, du reste, que la
rue de la Calandre tout entière, pour faire place
à ces énormes casernes qui s'étendent entre le
boulevard du Palais et la rue de la Cité, et qui
ont à jamais enseveli sous leur masse tant de précieux vestiges.

L'enseigne du Grand-Coq, évidemment, avait
depuis longtemps disparu quand eut lieu la dé-
molition de ce vieux et pittoresque quartier.
On pourrait même dire qu'elle avait cessé d'exis-
ter dès l'installation, sous son couvert, du Bureau

d'adresse, effacée, annihilée, en quelque sorte, par le grand éclat de cette nouveauté, dans laquelle l'usage engloba toutes les autres créations de Renaudot.

J'ai déjà dit la vogue qui s'était attachée dès le premier jour à ce premier office d'informations et de renseignements; j'en veux donner, en terminant ce chapitre, une nouvelle preuve, aussi curieuse que significative.

Dès le carnaval de 1631, un faiseur de « ballets », sôrte de pièces moitié dansées, moitié chantées, assez semblables à nos revues de fin d'année, où toutes les nouveautés, toutes les actualités, étaient mises en scène, s'avisa de prendre pour types l'établissement de Renaudot et ses clients. Le sujet prêtait admirablement, et s'il n'en tira pas tout le parti qu'en tirerait un faiseur d'aujourd'hui, il réussit assez bien pour que le roi voulût que la représentation en eût lieu devant lui, et pour qu'ensuite, après avoir été dansé et chanté, il fût imprimé, sous ce titre « : *Ballet du Bureau de rencontre*, donné au Louvre devant Sa Majesté; » ce qui était le comble du succès. J'ai rencontré à la même date des *Vers du Ballet du Bureau d'addresse*, qui ne se trouvent pas dans le Ballet, et qui en sont probablement une variante

condensée. Une courte analyse donnera une idée
de ce genre de pièce, où abonde le sel gaulois.

L'auteur s'adresse d'abord *aux Curieux* :

> *En ces lieux il vient d'arriver*
> *Un homme qui sait tout trouver,*
> *Et chez qui de tout se fait monstre,*
> *Sans dire ny quoy ny comment.*
> *Son registre ne faut ne ment.*
> *Il tient le Bureau de rencontre.*
>
> *Par lui vous aurez des laquais ;*
> *Et, pour faire de bons acquêts,*
> *Vous saurez les terres en vente,*
> *Les offices à résigner,*
> *Les deniers qui sont à donner*
> *Et prendre à intérest ou rente.*
>
> *Aussi vous serez advertis*
> *Qu'il enseigne les bons partis*
> *Pour assortir un mariage,*
> *Et fait, comme bien entendu,*
> *Retrouver ce qu'on a perdu,*
> *Fors des filles le pucelage.*
>
> *Pour les femmes, il est adroit*
> *A leur trouver un bon endroit,*
> *Nourrice ou servante à les suivre.*
> *En son fait il est diligent,*
> *Et ne couste guère d'argent*
> *A se faire inscrire en son livre.*

Vient ensuite un « Récit pour le Maistre du
Ballet » :

*Filles qui cherchez maris,*
*Beaux garçons qui cherchez femmes,*
*Voici l'unique à Paris*
*Pour satisfaire vos âmes.*
*Donnez trois sols tant seulement,*
*Vous aurez contentement.*

*Il fournit tout ce qu'on veut,*
*Sa courtoisie est commune.*
*Après, se sauve qui peut,*
*Avec la blanche ou la brune. .*
*Donnez trois sols tant seulement.*
*Vous aurez contentement.*

*Tel n'a pas la liberté*
*Ny de parler ny d'escrire*
*A quelque fière beauté*
*A qui tout il pourra dire*
*Donnant trois sols tant seulement.*
*Vous aurez contentement.*

Puis paraissent : la Mère et la Fille, qui dialoguent d'une façon quelque peu égrillarde ; — la Femme qui prête à usure ; — Celle qui cherche une nourrice ; — la Nourrice, qui fait son petit récit.

Enfin le tout se termine par ce bouquet *aux Dames* :

*Beautez, le flambeau de nos âmes,*
*Sans qui les amours sont réduits,*
*Qui faites, de vos douces flammes,*
*Des fours de nos plus sombres nuits,*
*L'on nous vient d'advertir qu'on avait icy contre*
*Estably depuis peu le Bureau de rencontre.*

TH. RENAUDOT. 3

> *Nous le cherchons afin d'apprendre*
> *Où loge l'amour asseuré,*
> *Qu'à chacun l'on a fait entendre*
> *S'estre dans vos cœurs retiré.*
> *Si, devant que partir, vous nous en faites monstre,*
> *Nous ne ferons jamais de meilleure rencontre.*

Il parut l'année suivante une nouvelle édition de ce livret, augmentée comme l'indique le titre : « *Ballet du Bureau de rencontre*, ensemble les remerciements du Maistre du Bureau d'addresses à ceux qui dansent son Ballet. »

Disons enfin qu'un autre Ballet du Bureau d'addresses, tout différent du précédent, fut donné à Dijon, le 3o décembre 164o, devant Monseigneur le Prince, par Monseigneur le duc d'Enguien. Les principaux personnages en sont : le Maître du Bureau, la Renommée, la Vérité et le Mensonge. Il n'y a pas moins de vingt-six *entrées*.

Tout cela prouve l'opportunité, l'excellence de l'idée que Renaudot avait mise en pratique dans l'établissement des Bureaux d'adresse, et la faveur persistante dont la nouvelle institution jouissait auprès du public.

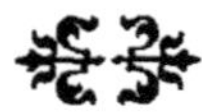

# III

# LE PUBLICISTE

# LE PUBLICISTE

## NOTRE PREMIER JOURNAL POLITIQUE

Tout en poursuivant l'installation de son Bureau d'adresse, Renaudot mûrissait un autre projet, appelé encore à de plus hautes destinées : la publication d'une feuille de nouvelles. Les deux créations se suivirent de très près. Le 30 mai 1631, Paris, étonné, voyait sortir de la maison du Grand-Coq une petite feuille in-4° remplie de nouvelles étrangères, et portant pour titre, sans aucune autre explication ni indication, ce simple mot :

C'était notre premier journal politique, journal

bien élémentaire, sans doute, mais assis dès lors
sur des bases assez solides pour qu'il ait pu parvenir jusqu'à nos jours, et à travers quelles vicis-
situdes !

Saint-Foix, qui n'était probablement lui-même
qu'un écho, et un écho assez peu fidèle, car il se
trompe jusque sur l'âge de la *Gazette* (1), a mis en
circulation, sur son origine, une fable qui va se ré-
pétant, depuis un siècle, avec des variantes plus ou
moins spirituelles, d'amas en encyclopédies, et
que de temps à autre encore quelque chroniqueur
inventif donne comme une trouvaille et le dernier
mot de la science à ce sujet. D'après cette fable,
la *Gazette* n'aurait été, dans l'origine, qu'un recueil de balivernes que Renaudot distribuait à ses
malades pour les amuser.

C'est vraiment chose admirable que ce sans-
façon, je dirais presque cette audace avec laquelle
on défigure une œuvre dont les exemplaires ne
sont pourtant pas si rares qu'on ne puisse aisément
s'y reporter.

Ainsi, un portraitiste très *connu*, quoi qu'en dise

(1) Il la fait naître en 1632; mais il a. été en cela bien
distancé par un écrivain moderne, qui s'est donné pour
mission de redresser ses prédécesseurs. Jal, dans son *Dictionnaire critique*, recule la naissance de la *Gazette* jusqu'en 1634.

son pseudonyme, portraiturant un successeur très éloigné de Renaudot, et amené ainsi, assez naturellement, du reste, à remonter à l'origine de la *Gazette* s'empressait de profiter de l'occasion pour apprendre à ses lecteurs comme quoi Renaudot était devenu journaliste par hasard. « Doué, dit-il, du génie commercial, il avait installé un Bureau d'adresses (avec une *s*), qui fournissait en même temps toutes sortes de renseignements, et les bruits du jour, les nouvelles des cabarets, des coulisses, de la cour, venaient se filtrer où s'embourber dans la boutique de Renaudot. Un matin, Théophraste eut l'idée de publier par la voie de l'impression les bruits, les nouvelles, les cancans, qui se débitaient chez lui, et le premier chroniqueur date de cette heure-là ! » Et je supprime les fioritures.

J'ai quelque honte à reproduire de pareilles inventions, et je ne m'y serais pas arrêté si je ne les voyais reproduites dans des thèses solennelles, dans des livres dont l'autorité pourrait leur donner un nouveau crédit.

Voici, par exemple, ce qu'on peut lire dans le savant ouvrage de M. J. Caillet, *l'Administration en France sous le ministère du cardinal de Richelieu* :

« Grâce à ses consultations gratuites, à son

Mont-de-Piété, à son Bureau d'adresse, à ses réunions scientifiques, la maison de Renaudot était devenue en peu de temps le rendez-vous de toute sorte de gens, riches ou pauvres, qui y apportaient les nouvelles de la cour et de la ville. Renaudot, dont l'esprit était fort inventif, conçut l'idée de tirer parti de cette situation, et bientôt vingt scribes furent occupés toute la journée à recueillir les récits, vrais ou faux, des nombreux visiteurs qui affluaient à la maison du Grand-Coq de la rue de la Calandre. Telle fut l'origine des *Nouvelles à la main* que Renaudot distribuait, dit-on, à ses malades riches, pour dissiper leur ennui. Notre médecin ne tarda pas à porter plus haut ses vues; il songea à transformer ses nouvelles à la main en un recueil capable d'influer sur l'opinion publique. »

C'est là un joli trompe-l'œil, qui pouvait produire quelque effet dans une thèse pour le doctorat ès lettres, mais qui ne saurait supporter le moindre examen. Quand, en effet, Renaudot fit paraître la *Gazette,* le Bureau d'adresse était à peine établi depuis quelques mois; il n'y avait encore dans la maison du Grand-Coq ni consultations gratuites, ni mont-de-piété, ni réunions scientifiques; et les quelques besoigneux, les quelques désœuvrés, qui frayèrent, dans ces commencements, le chemin de la rue de la Calandre, auraient eu peine à entretenir vingt scribes. Et que leur auraient-ils pu conter, grand Dieu! en nouvelles de la cour, et même en nouvelles de la ville, ces clients supposés d'un dispensaire ou d'un mont-de-piété!

. La vérité est plus simple.

Quand il fonda la *Gazette*, Renaudot savait ce qu'était un journal, et il n'y a rien d'étonnant à ce qu'il ait songé à se servir pour ses desseins de ce nouvel instrument de publicité, dont il était homme à comprendre la puissance. La *Gazette* procédait évidemment, dans son esprit, du même ordre d'idées que le Bureau d'adresse, d'où elle sortait, et tendait au même but, la satisfaction d'un besoin social. Il ne pensait pas plus, en la créant, à influer sur l'opinion publique qu'à amuser ses malades. Rien ne ressemble moins que la *Gazette* à l'idée que nous nous faisons des nouvelles à la main, au petit journal. On n'y trouve ni cancans, ni bruits de coulisses ou de cabarets, pas même, dans l'origine, de nouvelles de la ville ni de la cour, — encore moins des réclames, comme le conte un facétieux encyclopédiste, que les belles. inventions des chroniqueurs empêchaient sans doute de dormir. « La *Gazette*, dit ce bel esprit,

3*

avait, comme de raison, une *quatrième page*, car
Renaudot ne pouvait manquer d'inventer la *ré-
clame*, et la dernière page de son journal contenait une liste des médicaments qu'on pouvait
trouver chez lui, et les louanges de l'antimoine !!! »

Cela se lit dans le *Grand Dictionnaire universel*, un dictionnaire tout à fait bon enfant, comme
aimait à l'appeler ce brave Larousse, qui tenait
essentiellement à y mêler le plaisant au sévère.
Or, on chercherait vainement dans la *Gazette*,
durant toute la vie de Renaudot, et bien longtemps encore après, un mot, un seul mot qui eût
trait au journal ou à ses alentours, pas plus qu'à
son fondateur et à ses œuvres.

Ce n'est pas, cependant, que le contraire eût eu
lieu d'étonner ; il aurait plutôt semblé naturel que
la *Gazette* servît d'auxiliaire, de porte-voix au
Bureau d'adresse. Mais il n'en fut rien, et quand
Renaudot voulut donner de la publicité aux opérations de cet établissement, il créa un organe
spécial.

Ce caractère d'impersonnalité permettrait de
croire que Renaudot, en cela, ne fut pas laissé à
son libre arbitre, qu'il ne fut pas le maître absolu
de son œuvre. Quand il voulut publier la *Gazette*,

il dut s'adresser à Richelieu pour obtenir l'autorisation nécessaire. Ne peut-on pas admettre que ce grand ministre, ayant bien vite compris de quelle importance serait pour le gouvernement une feuille qui raconterait les événements sous la dictée et dans le sens du pouvoir, ne se soit pas borné à en autoriser la publication, qu'il en ait tracé le plan et les limites ?

Je serais même, pour ma part, porté à croire qu'il en facilitait la composition, qui présentait des difficultés presque insurmontables pour un particulier à cette époque, et dans les conditions qui, vraisemblablement, lui furent imposées. La *Gazette,* en effet, ne contient, dans l'origine, que des nouvelles étrangères. Qui les lui eût fournies? On parle bien des relations de Renaudot avec le célèbre généalogiste d'Hozier, qui, entretenant, pour les besoins de ses travaux, une correspondance très étendue avec les provinces et l'étranger, l'aurait tenu au courant des nouvelles de l'extérieur. Mais cela n'aurait pu suffire à alimenter une publication périodique régulière, même hebdomadaire, sans compter que le caractère même de la *Gazette* répugne à cette supposition. Il me paraît bien plus simple d'admettre le concours des agents diplomatiques du gouvernement.

Ce qui est certain, c'est que la *Gazette* nous

apparaît, dès son éclosion, tout d'une pièce, dans une forme nettement arrêtée ; pas le moindre signe de tâtonnement, d'hésitation ; elle est, dès le premier numéro, ce qu'elle sera dans les suivants, et dans toute la première période de son existence.

Il est vrai que le journal n'était déjà plus une nouveauté quand Renaudot entreprit le sien ; mais ce qui avait préexisté dans les Etats voisins était demeuré à l'état embryonnaire ; et si la France ne peut disputer aux nations voisines l'honneur d'avoir donné naissance au journal, elle a sur elles l'avantage d'avoir eu du premier coup un vrai journal. Notre *Gazette* fut, au témoignage des hommes les plus désintéressés, le premier qui répondît, — autant du moins qu'on peut l'exiger eu égard à l'époque, — à l'idée que nous nous faisons d'un journal. Du premier jour, elle s'est placée au-dessus de tout ce qui avait existé d'analogue, par la régularité de sa publication, par sa circulation européenne, par l'abondance et le choix des matières, par la supériorité de sa rédaction et le nombre de ses correspondants, et son fondateur a pu justement prendre cette devise, qui orne son portrait :

> *Invenisse juvat, magis exsequi ; at ultima laus est*
> *Postremam inventis apposuisse manum.*

On ignore les circonstances qui marquèrent la

naissance de la *Gazette,* dont l'enfantement dut
être, à n'en pas douter, fort laborieux. Renaudot
parle quelque part d'un prospectus qui en avait
précédé la publication, et dans lequel évidemment
il donnait la raison et expliquait le but de la nouvelle création ; mais il m'a été impossible, à mon
grand regret, de mettre la main sur cette pièce. Il
y est suppléé jusqu'à un certain point par cette
préface, placée en tête du recueil des Gazettes de
la première année :

« La nouveauté de ce dessein, son utilité, sa
difficulté et son sujet (mon lecteur), vous doivent
une préface...

« La publication des gazettes est, à la vérité,
nouvelle ; mais en France seulement, et cette
nouveauté ne leur peut acquérir que de la grâce,
qu'elles se conserveront toujours aisément.....
Surtout seront-elles maintenues pour l'utilité
qu'en reçoivent le public et les particuliers : le
public, pour ce qu'elles empêchent plusieurs faux
bruits qui servent souvent d'allumettes aux mouvements et séditions intestines ; voire, si l'on en
croit César en ses Commentaires, dès le temps de
nos ayeux leur faisaient entreprendre précipitam-
ment des guerres dont ils se repentaient tout à
loisir...; les particuliers, chacun d'eux ajustant

volontiers ses affaires au modèle du temps. Ainsi le marchand ne va plus trafiquer en une ville assiégée ou ruinée, ni le soldat chercher emploi dans le pays où il n'y a point de guerre ; sans parler du soulagement qu'elles apportent à ceux qui écrivent à leurs amis, auxquels ils étaient auparavant obligés, pour contenter leur curiosité, de décrire laborieusement des nouvelles le plus souvent inventées à plaisir, et fondées sur l'incertitude d'un simple ouï-dire. Encore que le seul contentement que leur variété produit ainsi fréquemment, et qui sert d'un agréable divertissement ès compagnies, qu'elle empêche des médisances et autres vices que l'oisiveté produit, dût suffire pour les rendre recommandables. Du moins sont-elles en ce point exemptes de blâme, qu'elles ne sont pas aucunement nuisibles à la foule du peuple, non plus que le reste de mes innocentes inventions ; étant permis à chacun de s'en passer, si bon lui semble.

« La difficulté que je dis rencontrer en la composition de mes gazettes et nouvelles n'est pas ici mise en avant pour en faire plus estimer mon ouvrage : ceux qui me connaissent peuvent dire aux autres si je ne trouve pas de l'emploi honorable aussi bien ailleurs qu'en ces feuilles ; c'est pour excuser mon style, s'il ne répond pas toujours à

la dignité de son sujet, le sujet à votre humeur, et
tous deux à votre mérite. Les capitaines y voudraient rencontrer tous les jours des batailles et
des sièges levés ou des villes prises ; les plaideurs,
des arrêts en pareil cas ; les personnes dévotieuses
y cherchent les noms des prédicateurs, des confes-
seurs de remarque. Ceux qui n'entendent rien aux
mystères de la cour les y voudraient trouver en
grosses lettres. Tel, s'il a porté un paquet en cour,
ou mené une compagnie d'un village à l'autre sans
perte d'hommes, ou payé le quart de quelque médiocre office, se fâche si le roi ne voit son nom dans
la Gazette. D'autres y voudraient voir ces mots
de *monseigneur* ou de *monsieur* répétés à chaque
personne dont je parle, à faute de remarquer que
ces titres sont ici présupposés comme trop vulgaires, joint que ces compliments, étant omis en
tous, ne peuvent donner jalousie à aucuns. Il
s'en trouve qui ne prisent qu'un langage fleuri ;
d'autres qui veulent que mes relations semblent à
un squelette décharné, de sorte que la relation en
soit toute nue. Ce qui m'a fait essayer de contenter
les uns et les autres.

« Se peut-il donc (mon lecteur) que vous ne me
plaigniez pas en toutes ces rencontres, et que vous
n'excusiez point ma plume, si elle ne peut plaire
à tout le monde, en quelque posture qu'elle se

mette, non plus que ce paysan et son fils, quoiqu'ils se missent premièrement seuls et puis ensemble, tantôt à pied et tantôt sur leur âne ? Et si la crainte de déplaire à leur siècle a empêché plusieurs bons auteurs de toucher à l'histoire de leur âge, quelle doit être la difficulté d'écrire celle de la semaine, voire du jour même où elle est publiée ! Joignez-y la brièveté du temps que l'impatience de votre humeur me donne, et je suis bien trompé si les plus rudes censeurs ne trouvent digne de quelque excuse un ouvrage qui se doit faire en quatre heures de jour, que la venue des courriers me laisse, toutes les semaines, pour assembler, ajuster et imprimer ces lignes.

« Mais non, je me trompe, estimant, par mes remontrances, tenir la bride à votre censure. Je ne le puis ; et si je le pouvais (mon lecteur), je ne le dois pas faire, cette liberté de reprendre n'étant pas le moindre plaisir de ce genre de lecture, et votre plaisir et divertissement, comme l'on dit, étant l'une des causes pour lesquelles cette nouveauté a été inventée. Jouissez donc à votre aise de cette liberté française ; et que chacun dise hardiment qu'il eût ôté ceci ou changé cela, qu'il aurait bien mieux fait : je le confesse.

« En une seule chose ne céderai-je à personne, en la recherche de la vérité, de laquelle, néanmoins, je ne me fais pas garant, étant malaisé qu'entre cinq cents nouvelles écrites à la hâte, d'un climat à l'autre, il n'en échappe quelqu'une à nos correspondants qui mérite d'être corrigée par son père le Temps ; mais encore se trouverait-il peut-être des personnes curieuses de savoir qu'en ce temps-là tel bruit était tenu pour véritable. Ceux qui se scandaliseront possible de deux ou trois faux bruits qu'on nous aura donnés pour vérités seront par là-incités à débiter au public, par ma plume (que je leur offre à cette fin), les nouvelles qu'ils croiront plus vraies, et, comme telles, plus dignes de lui être communiquées... »

Etait-il possible, au début d'une entreprise si nouvelle, si compliquée, avec des moyens si peu éprouvés et un avenir si incertain, de tracer en moins de lignes un *prospectus* plus complet des devoirs, des difficultés, des déceptions et des misères du métier de journaliste ?

Cette préface si caractéristique est précédée d'une dédicace au roi, nécessairement très humble, très louangeuse. La *Gazette* y est présentée comme « le journal des rois et des puissances de la terre ; tout y est par eux et pour eux, qui en font le capital ; les autres personnages ne leur servent que d'accessoire ». Mais nous venons de voir, et nous verrons encore bientôt combien, au fond, l'honnête Renaudot était préoccupé de cet accessoire, de ce « vulgaire avec lequel il fallait parler ». Le but de la *Gazette* est le même que celui des Bureaux d'adresse : l'amélioration, la plus grande facilité des relations sociales, ici intérieures, là internationales. Le Bureau d'adresse faisait, comme nous l'a dit son créateur, l'office des enseignes des carrefours ; la *Gazette*, celui de l'étoile polaire, la grande enseigne du firmament : ce drogramme de la *Gazette* est tout entier dans son titre, dans la première lettre de ce titre, dont on aura remarqué l'ingéniosité.

Je ne referai pas ici l'histoire de la *Gazette*, que l'on trouvera très développée dans mon *Histoire* et dans ma *Bibliographie de la presse ;* je n'en toucherai que les points les plus propres à faire ressortir l'importance de cette création, et le mérite qu'y eut Renaudot.

C'est le 30 mai 1631 que parut le premier numéro du premier de nos journaux. Renaudot lui donna le titre de *Gazette* « pour être plus connu du vulgaire, avec lequel il fallait parler ». Ce nom, en effet, était depuis longtemps employé pour désigner les feuilles volantes consacrées au récit des événements remarquables, de tous les faits propres à affriander le public, qui ont précédé l'invention de l'imprimerie.

Quant à son origine, sur laquelle on a beaucoup épilogué, l'opinion la plus plausible la fait venir de l'italien *gazzetta*, nom d'une petite monnaie qu'on aurait payée à Venise pour avoir ou pour lire les feuilles de nouvelles.

Voici quelles sont les nouvelles contenues dans la première Gazette, avec la date de leur départ :

De Constantinople, le 2 avril 1631 ; — de Rome, le 26 avril, et sous cette rubrique se trouvent des nouvelles d'Espagne et de Portugal ; — de la Haute-Allemagne, le 30 ; — de Freistad en Silésie, le 1er mai ; — de Venise, le 2 ; — de Vienne, le 3 ; — de Stettin, de Lubec, le 4 ; — de Francfort-sur-l'Oder, de Prague, de Hambourg, de Leipsic, le 5 ; — de Mayence, le 6 ; — de la Basse-Saxe, le 9 ; — de Francfort-sur-le-Mein, le 14 ; — d'Amsterdam, le 17 ; — et enfin d'Anvers, le 24 mai.

Ce n'était pas mal pour un début, et pour un temps où, comme on le voit, les communications n'étaient pas précisément rapides.

En citant le premier et le dernier article de ce premier numéro du premier de nos journaux, nous croyons satisfaire une légitime curiosité :

« *De Constantinople, le 2 avril 1631* (1). — Le roy de
Perse, avec 15 mille chevaux et 5o mille hommes de pied,
assiège Dille, à deux journées de la ville de Babylone,
où le Grand-Seigneur a fait faire commandement à tous
ses janissaires de se rendre sous peine de la vie, et continue, nonobstant ce divertissement-là (cette diversion), à
faire toujours une âpre guerre aux preneurs de tabac, qu'il
fait suffoquer par la fumée. »

« *D'Anvers, le 24 de may*. — Le tambour sonne par toute
la Haute-Allemagne. On espère que les Hollandais ne
feront cette année non plus que l'autre, à raison du bon
ordre que nous avons mis partout, voire que nous les
attaquerons les premiers. Nous avons trois camps : l'un
aux environs de Vezel, de 14 mille hommes ; l'autre aux
environs de Lier et Melines, en Brabant, de 10 mille hommes ; et le troisième entre Ostende et Gravelines, en Flandres, de 12 mille hommes. Nous ne manquerons aussi de
bons chefs, ayant entre autres le marquis de Sainte-Croix
et d'Ayton, le duc de Lerme, don Carle Colomne, les com-
tes Jean de Nassau et Henri de Bergue, qui aura ici le commandement général des affaires de la guerre, et celui de
Vaquens, qui est déclaré vice-amiral, et auquel on a assigné
trois cent cinquante mille écus par an pour le desfray de
l'armée de mer. »

Une chose remarquable, c'est que ce premier
numéro ne contient aucune nouvelle de France,
non plus que les quatre suivants ; on ne commence

_______

(1) Les rubriques sont en marge.

à en trouver que dans le sixième, et ces deux seulement :

« *De Saint-Germain-en-Laye, le 2 juillet audit an.* — La sécheresse de la saison a fort augmenté la vertu des eaux minérales, entre lesquelles celles de Forges sont ici généralement en usage. Il y a trente ans que M. Martin, grand médecin, leur donna la vogue; le bruit du vulgaire les approuva. Aujourd'hui M. Bonnard, premier médecin du roy, les a mises au plus haut point de la réputation que sa grande fidélité, capacité et expérience peut donner à ce qui le mérite vers Sa Majesté, qui en boit ici par précaution, et presque toute la cour, à son exemple. »

« *De Paris, le 3 dudit mois de juillet 1631.* — Depuis quinze jours sont ici décédés des fièvres continues, qui y sont fort fréquentes, MM. Berger et de Bragelone, conseillers au Parlement, et M. Charles, le plus fameux médecin de cette ville.

« On y continue cette belle impression de la grande Bible en 9 volumes et 8 langues, qui sera parfaite dans un an. Nous invitons toutes les nations à y prendre part, avec plus de raison que les Sybarites ne conviaient à leur festin un an auparavant. »

C'est également à la fin de ce sixième numéro qu'on voit pour la première fois l'indication du bureau et la date, en ces termes : *Du Bureau d'adresse, au Grand-Coq, rue de la Calandre, sortant au marché Neuf, près le Palais, à Paris, le 4 juillet 1631. Avec privilége.*

Voici les nouvelles intérieures de la septième Gazette :

« *De Rouen, le 8 de juillet.* — Le différend venu ces jours passés pour la danse d'une nopce a fait entretuer à trois lieues d'ici onze personnes, du nombre desquelles sont les seigneurs de Fontaine-Martel, Malleville et Boufard. »

« *De Saint-Germain-en-Laye, ce 10 dudit mois de juillet.* — Le sieur de Verchères, fils du premier président de Dijon, a succédé à la charge de son père, naguère décédé. L'ambassadeur du roy de Suède est arrivé en cette cour, et un gentilhomme de la part de l'empereur. Le marquis de La Fuente del Toro, envoyé par le roy catholique pour se conjouir avec Sa Majesté du recouvrement de sa santé à Lyon, et qui arriva il y a un mois, est sur son partement pour l'Espagne, qui fait voir à la France par cette action que véritablement elle ne se haste pas trop, s'étant advisée de ce compliment lorsqu'on n'y pensait plus, comme Sa Majesté lui fit sentir de bonne grâce, lui disant qu'il y avait dix mois qu'il se portait bien. Ainsi Tibère, visité trop tard par les Thébains sur la mort de son neveu Germanicus, leur dit qu'il ne se pouvait consoler de la mort de leur grand capitaine Achille, jadis malheureusement tué devant Troye. De vray, grâces à Dieu, jamais Sa Majesté ne se porta mieux qu'elle fait à présent. Et la tristesse que la cour avait conçue pour la fièvre continue du maréchal de Schomberg est convertie en joye pour son heureuse convalescence. »

Nous bornons là ces citations, qui suffiront pour donner une idée du ton de ces premiers essais du journalisme, et de la manière de Renaudot.

La *Gazette* répondait à un besoin trop réel pour
que le succès en pût être un instant douteux;
aussi fut-il rapide et grand. « On l'arrachait des
mains des colporteurs encore toute moite de
l'impression, et les courriers retardaient souvent
leur départ pour l'emporter par tout le monde,
où elle avait le bonheur d'être lue avidement. »
Aussi Renaudot, qui pendant deux ans s'était cru
obligé de répondre une fois par mois à ses détracteurs, ne tarda pas à se mettre au-dessus des petites
jalousies ; dès 1633, il parle en homme qui est
sûr de sa force :

« Les suffrages de la voix publique, dit-il, m'é-
pargnent désormais la peine de répondre aux
objections auxquelles l'introduction que j'ai faite
en France des gazettes donnait lieu, lorsqu'elle
était encore nouvelle ; car maintenant la chose en
est venue à ce point qu'au lieu de satisfaire à ceux
à qui l'expérience n'en aura pu faire avouer l'utilité, on ne les menacerait de rien moins que des
petites maisons. Seulement ferai-je, en ce lieu,
aux princes et aux Etats étrangers, la prière de
ne perdre point inutilement le temps à vouloir
fermer le passage à mes nouvelles, vu que *c'est
une marchandise dont le commerce ne s'est jamais
pu défendre, et qui tient cela de la nature des tor-
rents, qu'il se grossit par la résistance.* »

C'était là un langage digne d'un écrivain qui a la conscience de son œuvre, et que l'on croirait plus jeune de deux siècles.

La *Gazette* paraissait une fois par semaine, en quatre pages petit in-4° d'abord, puis, dès la deuxième année, en huit, — quelquefois même, mais rarement, en douze, — qui étaient divisées en deux cahiers, intitulés, l'un *Gazette*, l'autre *Nouvelles ordinaires de divers endroits*, « cela pour la commodité de la lecture, qui est plus facile à diverses personnes étant en deux cahiers, et aussi à cause de la diversité des matières et des lieux d'où viennent les lettres y contenues, les *Nouvelles* comprenant ordinairement les pays qui nous sont septentrionaux et occidentaux, et la *Gazette* ceux de l'orient et du midi ». Elle commençait par les nouvelles étrangères, qui en occupaient la plus grande partie, et finissait par celles de la Cour de France. Renaudot avait adopté cette marche, presque constamment suivie depuis, pour se conformer, dit-il, à l'ordre du temps et à la suite des dates, sauf à ceux qui voudraient suivre celui de la dignité à commencer leur lecture par la fin, à la mode des Hébreux.

Et ce n'était pas là toute la *Gazette* ; ce n'en était, pour ainsi dire, que la partie officielle. Elle avait de nombreuses annexes, qui n'en étaient pas la partie la moins importante.

Tous les mois, en effet, Renaudot publiait, sous le titre de *Relation des nouvelles du monde reçues dans tout le mois*, un numéro supplémentaire qui complétait et résumait les nouvelles du mois. C'est dans ce numéro supplémentaire que, pendant les premières années, il répondait aux attaques de ses détracteurs. En tout autre temps il se tient complètement effacé derrière son œuvre.

En 1634, ce supplément régulier fut remplacé par des *Extraordinaires*, qui paraissaient suivant les circonstances — il en donnait jusqu'à trois et quatre par semaine, — et qui étaient généralement consacrés à la publication des documents officiels et au récit des événements marquants. La *Gazette*, je l'ai déjà dit, ne contenait guère que ce que nous appelons des faits divers, des nouvelles générales ; les Extraordinaires sont des récits détaillés, de véritables pages historiques, d'une importance réelle. Ils portent un numéro d'ordre qui indique leur rang dans le Recueil des Gazettes de l'année.

Outre ces Extraordinaires, il y avait encore des suppléments qui n'avaient pas de titre général, mais un titre emprunté de leur contenu, et qui prenaient également rang à leur ordre dans le Recueil des Gazettes.

On peut encore ranger parmi les annexes de la *Gazette* trois volumes du *Mercure français* rédigés par Renaudot. Ce Mercure était une sorte d'annuaire historique , remontant pour les faits à l'année 1605, mais dont la publication ne commença qu'en 1611, ce qui a produit une confusion dans laquelle je suis tombé moi-même dans ma *Bibliographie de la presse*. Il en a été publié 25 volumes, de 1611 à 1648. Renaudot en prit la rédaction à partir du tome 22 et de l'année 1635, et non 1638, comme l'ont avancé tous les bibliographes. Voici comment il s'explique lui-même de cette nouvelle entreprise, qu'il ajoutait à tant d'autres :

« Pour satisfaire la curiosité de ceux qui demanderont pourquoi, ne manquant point d'autres emplois, j'ai prêté l'oreille aux exhortations qu'on m'a faites de vouloir encore donner au public d'autres mémoires de notre histoire que ceux lesquels j'ai publiés jusqu'ici dans mes Gazettes, Nouvelles et Relations, tant ordinaires qu'extraordinaires, je les prie de considérer en premier lieu que, la coutume, autorisée de l'humeur de notre nation, m'ayant prescrit si peu de champ en toutes mes relations qu'elles ne vont pour le plus qu'à deux ou trois feuilles ; et quant aux Nouvelles, que je vous donne sous ce titre ou sous celui de Gazettes, chacune de leurs narrations occupant encore bien moins d'espace, cette brièveté ne saurait suffire à la description particulière des choses mémorables dont l'histoire doit être composée... Cette considération, jointe au manque forcé de liaison des faits qui sont rapportés dans les Gazettes, l'a engagé à chercher un champ plus spacieux, pour être plus utile à ses lecteurs. D'ailleurs, destiné pour recevoir dans cet œil du monde les récits des actions et choses mémorables qui se passent par tout l'univers (office dont le temps fera reconnaître le mérite, et duquel je ferai juge la postérité, si les préoccupations du siècle et l'intérêt des particuliers de ce temps me les rendent moins équitables), il arrive souvent que les mémoires ne m'en sont rendus sinon après le temps que l'usage a prescrit à mes éphémérides, les privant de leur effet sitôt qu'elles ont passé huit ou quinze jours. »

Tout cela ne suffisait pas encore à l'activité de Renaudot. Du Bureau d'adresse sont sortis, en outre, de nombreux factums destinés à repousser les attaques des gazetiers et des pamphlétaires étrangers. C'est cette voie que prenait Renaudot toutes les fois que lui ou les inspirateurs de la *Gazette*

jugeaient à propos de répondre, et que la réponse
ne pouvait trouver place dans la *Gazette* elle-
même, dont le cadre se prêtait peu à la polémique.
Renaudot, d'ailleurs, avait la riposte vive, et ne
refusait jamais la lutte, sur aucun terrain ; ainsi
le vit-on répondre par un poème latin à une attaque qui avait pris cette forme.

Disons enfin qu'en dehors de la *Gazette* et de
ses annexes, et en vertu de son privilège, très
étendu, Renaudot publiait des relations, dans tous
les formats, des événements qui lui semblaient
de nature à intéresser le public, mais qui n'entraient point dans le cadre de son journal. De
là d'interminables récriminations, faciles à comprendre, une longue lutte, marquée par de nombreux incidents judiciaires, fort intéressante pour
l'histoire de la presse, mais sur lesquels nous ne
saurions nous arrêter. Renaudot, du reste, n'était
pas homme à s'en émouvoir. « Comme l'envie
s'attache à la vertu, dit-il à ce propos, il n'y a eu
pièce dans ce Bureau d'adresse, duquel le roi lui
a donné l'intendance générale pour toute la France,
qui n'ait eu ses attaques. Mais l'expérience a fait
voir qu'il n'y avait pas eu dans ce règne aucune
institution plus innocente. Ce qui n'a pas empêché
que l'opposition de *quatre cents* imprimeurs —
sans compter les colporteurs — ne l'ont obligé

à obtenir jusqu'a *dix-sept* lettres patentes et arrêts donnés à l'encontre d'iceux. »

Le débat fut clos par un « Privilège du roi, en forme de charte, donné à Paris au mois de février de l'an de grâce 1635, scellé du grand sceau de cire verte, sur lacs de cire rouge et verte, et contrescellé de cire verte », où toutes ces lettres patentes et arrêtés précédents se trouvent rappelés.

« LOUIS, etc. L'expérience nous ayant fait voir les utilités qui reviennent de l'introduction faite en ce royaume de la Gazette et autres Nouvelles par notre cher et bien-amé Théophraste Renaudot, l'un de nos conseillers et médecins ordinaires, maître et intendant général des Bureaux d'adresse de notre royaume, et la curiosité naturelle de nos sujets nous faisant espérer que cette invention sera de jour en jour mieux reçue d'eux, Nous avons cru devoir appuyer et autoriser le soin et industrie que ledit Renaudot et ses enfants ont pris et prennent journellement à la cultiver, et les encourager de plus en plus à continuer *la dépense qu'ils sont obligés de faire à cette fin* : A ces causes, après avoir fait voir en notre Conseil l'arrêt donné en icelui le 18 novembre 1631, — et autres — portant défenses aux personnes y dénommées, et à tous autres, de troubler ledit Renaudot en l'*im-*

*pression* et *vente* de sesdites Gazettes et autres
dépendances de sondit Bureau d'adresse... Lesquels arrêts voulant être exécutés, et faire jouir
ledit Renaudot, ses successeurs et ayant-cause, de
l'effet d'iceux; — De l'avis de notre dit Conseil,
et de notre certaine science, pleine puissance et
autorité royale,

« Avons, en approuvant et confirmant nos dits
Arrêts, dit, déclaré et ordonné, disons, déclarons
et ordonnons par ces présentes, signées de notre
main, voulons et nous plaît que ledit Renaudot,
et ses successeurs et ayant-cause, jouissent plei-
nement, paisiblement et perpétuellement, à l'exclusion de tous autres, du pouvoir, permission et
Privilége de composer et faire composer, imprimer et faire imprimer, en tel lieu èt par telles
personnes que bon leur semblera, les Gazettes,
Relations et Nouvelles, tant ordinaires qu'extraordinaires, lettres, copies ou extraits d'icelles, et
autres papiers généralement quelconques contenant le récit des choses passées et avenues ou qui
se passeront tant dedans que dehors le royaume;
prix-courant des marchandises, conférences et
autres impressions desdits Bureaux; et généralement toutes les choses mentionnées èsdits arrêts;
le tout vendre et faire vendre, exposer et débiter.
Avec défenses à tous imprimeurs, libraires et

autres personnes, de quelque condition qu'ils soient, de s'immiscer ni entreprendre aucune des choses ci-dessus, sans le pouvoir, consentement et aveu dudit Renaudot, ou des siens après lui, sans que ci-après ils puissent être troublés et privés de tout ou partie des émoluments procédant desdites impressions et choses ci-dessus, par quelque personne ou prétexte que ce soit; sur les peines portées par lesdits Arrêts, ci-attachés sous le contre-scel de notre chancellerie; nonobstant toutes déclarations, ordonnances, arrêts, réglements et défenses faites ou à faire pour raison de la papeterie, imprimerie et librairie; mesme celles faites à toutes personnes de tenir presses et imprimerie en leur maison, que ne voulons nuire ni préjudicier, directement ou indirectement, audit Renaudot et aux siens, et ce tant qu'il nous plaira les Gazettes, Nouvelles et autres impressions avoir lieu en cestuy notre Royaume et lieux de notre obéissance. »

On peut juger par ce court historique de ce que Renaudot avait fait de la *Gazette*, et de l'honneur qui lui en revient. On l'appréciera mieux encore si l'on se reporte à l'époque où il jeta ces larges bases du journalisme. « La *Gazette*, a dit un bon juge, presque comtemporain, Vigneul-Marville, la

*Gazette*, que la plupart des gens regardent comme une chose de rien, est, à mon gré, un des plus difficiles ouvrages qu'on ait entrepris de nos jours. Il fallait autant de génie et de capacité qu'en avait feu M. Renaudot pour y réussir au point qu'il a fait, dès qu'il a commencé à y mettre la main. Cela demande une connaissance fort étendue de notre langue et de tous ses termes, une grande facilité d'écrire et de narrer nettement, finement et en peu de mots. Il faut savoir parler de la guerre sur mer et sur terre, et ne rien ignorer de ce qui regarde la géographie, l'histoire du temps et celle des familles illustres, la politique, les intérêts des princes, le secret des cours, les mœurs et les coutumes de toutes les nations du monde. Enfin, sans entrer dans un plus grand détail, il faut tant de sortes de connaissances pour bien écrire une gazette, que je ne sais comment on a osé l'entreprise. »

Grâce à cette « capacité », à ce « génie » de son fondateur, la *Gazette* eut dès ses premières années une valeur historique considérable. Non seulement elle est pleine d'excellents matériaux pour l'histoire du règne de Louis XIII et de la minorité de Louis XIV, et restera à ce point de vue un des monuments historiques les plus précieux, mais encore ses premières années abondent en faits curieux relatifs aux sciences, aux arts et à la littérature : il faut se souvenir, en effet, que son établissement a précédé de plusieurs années celui des journaux littéraires et des mémoires d'académie.

Il faut dire aussi que Renaudot avait de puissants collaborateurs. On lit dans une préface mise par le Père Daniel en tête de l'histoire de Louis XIII par le Père Griffet :

· « On s'est beaucoup servi des gazettes de France, qui ne commencèrent à paraître qu'en 1631. Celles qui ont été imprimées du temps de Louis XIII sont d'une grande autorité.

« Le cardinal de Richelieu prenoit un soin particulier de cet ouvrage, et il envoyoit souvent à Théophraste Renaudot, qui en étoit l'inventeur, des articles entiers, où l'on reconnoît aisément le style de la main de ce grand ministre. Il faisoit insérer dans ces gazettes les traités d'alliance, les capitulations, les relations des sièges et des batailles, écrites par les généraux, et les dépêches des ambassadeurs, lorsqu'elles contenoient des faits que l'on vouloit faire savoir à toute l'Europe. Louis XIII ne dédaignoit pas lui-même d'employer une partie de son temps à composer des articles de la *Gazette*. On en voit encore plusieurs dans le recueil des manuscrits de Béthune, que l'on retrouve imprimés dans les gazettes ; ils sont écrits de sa main, avec un grand nombre de ratures et de corrections, qui ne permettent pas de douter qu'il n'en soit l'auteur. »

C'était là, sans doute, une fort honorable collaboration, mais qui ne laissait pas d'avoir des dangers. Quand Louis XIII fut mort, et qu'Anne d'Autriche eût été nommée régente, Renaudot, menacé dans son privilège, dut rendre compte du passé médisant de sa *Gazette*, que ses envieux l'accusaient d'avoir ouverte aux ennemis de la reine. Mais, dit à ce propos Monteil, le père des journalistes français ne pouvait être un sot. Il se défendit fort adroitement dans une Requête adressée à la reine, et qui révéla tout le mystère de cette haute comédie. Nous y reviendrons bientôt.

Sa conduite durant la Fronde fournit une autre preuve de sa rare habileté, des ressources inépuisables de son esprit. Lorsque la cour sortit de Paris, le 6 janvier 1649, il eut l'ordre de la suivre à Saint-Germain : Mazarin lui avait donné la direction de l'imprimerie qu'il faisait emporter, et qui fut établie dans des appartements de l'Orangerie. Son intention était d'accepter la lutte avec la Fronde sur le terrain de la publicité, d'opposer

aux pamphlétaires ses écrivains, d'avoir, comme
le Parlement et les généraux, ses pièces de polémique, ses feuilles volantes, de faire imprimer les
arrêtés du Conseil, les lettres et les déclarations
du roi, pour les répandre. Renaudot était bien
l'homme qu'il lui fallait. Fondateur et directeur de
la *Gazette*, depuis près de vingt ans il était rompu
aux habitudes de la controverse, et il connaissait
à fond toutes les petites finesses, tous les petits
mystères du métier qu'il avait exercé le premier.

Si Renaudot convenait bien à la fonction, la
fonction aussi convenait fort à Renaudot. Elle
devait, en effet, lui servir à s'affermir dans la
faveur de la reine, du cardinal, de la cour, et
à conserver, malgré l'instabilité des choses à cette
époque, le privilège de la *Gazette*. Dans tous les
cas, il n'y avait pas à hésiter.

Mais quitter Paris, c'était laisser le champ libre
à la concurrence. Renaudot trancha la difficulté
en habile homme qu'il était. Il avait des fils,
attachés avec lui à la rédaction de la *Gazette* ; il
les laissa à Paris, avec le plan d'un nouveau journal, et, pendant qu'il écrivait la *Gazette* à Saint-
Germain pour la cour, ses enfants écrivirent à
Paris le *Courrier françois* pour le Parlement.
Qui sait même si Mazarin ne fut pas pour quelque chose dans ces calculs ? Il était assez fin pou*

cela. On pouvait présumer que le Parlement, qui gouvernait à Paris, voudrait avoir, comme la cour, sa gazette à lui : n'était-il pas d'une habile politique, de la part du cardinal, de la lui faire faire par des hommes à sa dévotion ?

Quoi qu'il en soit, la combinaison réussit au delà des espérances de Renaudot. La *Gazette* avait créé dans les habitudes des Parisiens un besoin de curiosité que les événements ne pouvaient que rendre de plus en plus vif. Aussi le succès du *Courrier*, qui se vendait un sou, fut-il très grand ; et, comme cela ne pouvait manquer d'arriver, il eut de nombreux imitateurs. Mais, en général, de toutes les formes que prit alors le pamphlet, c'est le journal qui fut traité avec le moins de talent.

Aussi, quand, après la guerre, la *Gazette*, revenue à Paris, réclama sa place et voulut rentrer dans ses droits, elle ne trouva devant elle que des cadavres ou des fantômes. Seul, le *Courrier français*, pour sauver les apparences et dérouter les soupçons qu'avaient pu faire naître les liens qui unissaient les rédacteurs des deux feuilles, fit un semblant de résistance, dont Renaudot eut facilement raison. La *Gazette* fut rétablie par arrêt de justice dans son privilège ; les fils de Renaudot y reprirent leur collaboration, et Mazarin eut si peu de ressentiment de l'opposition qu'ils lui avaient faite dans le *Courrier*, qu'à son retour de Saint-Germain, il donna à l'un et à l'autre des marques signalées de sa faveur.

Cette comédie si habilement jouée par Renaudot inspira une pièce très curieuse, *le Commerce des nouvelles restably*, ou *le Courrier arresté par la Gazette*, que j'ai reproduite *in extenso* dans mon *Histoire de la presse* (t. 1er, p. 264), et dont je me bornerai ici à reproduire ce qui concerne plus particulièrement cet épisode :

La babillarde Renommée, qui court la prétentaine par toute la terre, qui fourre son nez dans toutes les affaires du monde, et qui nous corne incessamment aux aureilles ce qu'elle sçait et ce qu'elle ne sçait pas, ayant de tout temps esleu son principal domicile dans la France, pour y avoir tousjours trouvé plus de logement qu'en quelque part qu'elle peusse aller, dans les chambres vuides des cerveaux curieux, qui ne se garnissent que de nouvelles et de contes à dormir debout; voyant toutes fois qu'à raison des remuëmenages arrivez dans l'Europe depuis les guerres, elle estoit obligée d'estre partout pour donner ordre au commerce de cette marchandise, après avoir bien resvé, ne trouva point de meilleur expédient que d'establir des Lieutenans Generaux pour maintenir sa puissance dans tous les cantons connus et à connoistre, trancher en son absence de son authorité, tailler et rogner de son domaine, et faire des choux, des raves et des pastez de ce qui se dit, et de ce qui se fait, dans ce monde et dans l'autre.

TH. RENAUDOT.

4

D'abord elle constitua dans cette fameuse dignité haute et puissante Princesse Madame l'*Histoire*, qui s'acquitta long-temps de cette charge sans que l'on peust former aucun reproche contre son ministère. Mais les esprits estant devenus plus raffinez et curieux, on ne fust plus si religieux à l'observation de ses ordres; l'on s'immagina que c'estoit mal parler que de dire la vérité, et qu'il falloit mentir pour escrire à la mode; dès-lors Madame l'*Histoire* n'eust plus de vogue, chacun luy donna quelque lardon, l'on se torcha le cul de ses escrits, et l'on la descria comme la [fausse monnoye. Une conjuration se forma contre son authorité dont un Prince malaisé nommé *Roman* s'institua le chef; c'estoit le plus grand ennemy de la verité, il mentoit comme un arracheur de dents, et pour habler et controuver des contes, il n'en craignoit teste d'homme vivant. Cet adroit courtisan fit si bien par ses galanteries et complaisances estudiées qu'il attira bien du monde à son party; cependant l'on se détrompe tous les jours de ces fadaises, et, comme on dit, Maistre Gonin est mort, le monde n'est plus gruë.

Madame l'*Histoire*, ayant reconnu les causes de sa decadence et les moyens dont ce fourbe s'estoit servy pour luy donner du croc en jambe, employa les mesmes artifices à luy rendre la pareille. Elle changea de nom et de qualités pour cacher les rides de sa vieillesse et paroistre plus jeune et plus agréable, et tantost sous le nom de *Legende*, tantost sous la qualité de *Code*, de *Memoires* de *Commentaires Hystoriques*, de *Chroniques*, de *Décades* et d'*Annalles*, elle a tasché de se maintenir et de tirer des puissances des pensions et de bonnes nipes. Mais elle alla de pis en pis; ses moyens diminuant aussi bien que le Règne des Roys, il fallut amplifier la matière, ampouler le

stilé, faire de rien grande chose, et ramasser des fadaises
et des contes jaunes pour en faire un volume tous les ans ;
cela passoit sous le tiltre d'*Annalles*, mais c'estoit plustost
des rogatons pour demander des estreines, et si l'on eust
examiné la dose des drogues de cette composition, on n'y
auroit pas trouvé un dragme de *verité* parmi deux livres
de *mensonges*.

Le *Mercure François* fut de cette fabrique ; quoyque son
tiltre fût différent et qu'il fut habillé d'une autre façon, il
en a conté des plus mures, et bien fait accroire aux gens
de là l'eau ; à son conte tout a bien esté jusques icy, les
Ministres d'Estat ont fait merveilles, le peuple est plus
heureux que jamais, nous sommes chanseux en fait de
guerre, les victoires nous assassinent, l'Estat s'augmente
de jour en jour par nos conquestes ; ceux qui gouver-
nent les Finances sont gens de bien et de conscience qui
ne veulent que le bien de la France ; bref il n'y a point de
Royaume qui jouysse d'un repos plus asseuré : je m'en
rapporte à ce qui en est, mais j'ay bien peur que ce *Mercure* ne fasse comme le céleste , qui trafique de nouvelles, et d'autres choses que je ne diray point.

Ce n'estoit pas encore assez d'avoir restably ses rentes
annuelles, principalement depuis que la guerre a taillé tant
de besogne à cette greffière corrompuë ; il s'est trouvé des
cerveaux trop avides de nouvautez qui ne peuvent s'en passer
non plus que de chemises, et dont la curiosité fait son pain
quotidien de relations et d'incidens. Pour faire des em-
plastres aux blessures de ces esprits, la bonne Dame choisit
une esperlucatte qui luy servoit de Damoiselle suivante,
affectée au possible, extremement dissimulée et malicieuse
comme un viéux singe ; on l'appeloit du nom de *Gazette*.
Son inclination l'avoit de tout temps portée à cet exercice,

et bien auparavant qu'elle fût installée dans cette dignité
elle ne faisoit autre chose que de courir le guildou, aller
de çà de là trotter chez les voisins, visiter ses voisines,
fureter jusques aux ruelles du lict et dans les lieux secrets,
parler de messirs chacun, drapper tantost cettuy-cy, tantost cettuy-là, et mettre indifféremment sur le tapis et les
uns et les autres; enfin elle n'alloit jamais sans sa langue,
et quand elle n'avoit rien à dire, son esprit malicieux for-
geoit sur le champ des nouvelles, bonnes ou mauvaises,
telles qu'elles lui venoient à la bouche. Mademoiselle
*Flatterie* estoit en bonne intelligence avec cette fine mou-
che, c'estoit deux testes dans un bonnet; l'une n'alloit
jamais sans l'autre, et lorsque *Gazette* estoit empeschée à
faire quelque relation, celle-cy ne manquoit point d'estre
au près d'elle, et de luy souffler aux aureilles les termes
dont elle devoit se servir.

La voilà donc establie par intrigues et par faveur dans
ce venerable employ; Dame *Histoire*, qui commence à
radoter, se repose entièrement sur sa vigilance, et luy
remet sa charge et son authorité pour en disposer à sa
fantaisie, et faire ses fonctions accoustumées. Elle en use
avec tant de liberté qu'elle change d'abord l'ordre estably
par sa maistresse, et se resout de donner aux curieux du
fruict nouveau toutes les semaines. Elle feint d'avoir des
correspondances par toute la terre, et d'estre des plus
connuës; elle sçait ce qu'on fait à Naples, en Suède et en
Bavière tout en mesme temps, trotte comme un postillon
de ville en ville et de province en province, et, lorsque
toutes ces matières illustres manquent à son sujet, elle
revient à son village et treuve dans Paris assez de fatras et
d'incidents pour en emplir ses cahiers jusques au goulet:
dira qu'une telle Dame est accouchée d'une fille, qu'elle

a esté baptisée dans telle Eglise, que tels et telles l'ont
tenuë sur les fonds; qu'un tel a pourveu son fis de la
charge de Conseiller, que tel autre a resiné son Abbaye à
un tel, qu'il a soustenu une Thèse en Sorbonne, que l'on
a tiré devant le Roy un feu d'Artifice, et en expliquera les
particularitez; qu'un tel Seigneur n'est plus malade, et
qu'il se porte bien de sa goute; que l'on a treuvé quelque
machine nouvelle pour faire des carosses à peu de frais;
que la rivière est fort grosse, et que le pain est à bon marché. Ne sont-ce pas là de belles nouvelles à mettre dans
l'*Histoire?* Ne sommes-nous pas bien gras et satisfaits
d'achepter des contes que nous sçavons devant que l'on ait
songé à les imprimer? et n'est-ce pas nous charlataner
adrettement que d'attirer l'argent de nos pochettes par les
papiers, qui, pour estre trop minces et de mauvaise fabrique, n'estant pas propres pour les beuriers, ne sçauroient
servir que de mouchoirs pour le derrière?

Cette fine matoise s'est toutes fois si bien intriguée dans
cet estat, sous ombre qu'elle s'accompagne quelques fois
de la Donzelle *Vérité,* qu'on luy donne une generale approbation. Depuis les petits jusqu'aux grands on ne parle
d'affaires que par *Gazette,* les aisez en font des recueils et
les acheptent, d'autres se contentent de les lire en payant
certain droit pour cette lecture, et bref; dans la plus sérieuse compagnie, on dira: Que dit-on de nouveau? Qu'ap-
prenez-vous de bon? Comment vont les affaires? Avez-
vous vu la *Gazette* d'aujourd'huy? Parle-t'elle de cy ou
de cela? Dit-elle que le Roy revient bien tost? Touche-t'elle
quelque chose d'Angleterre? Et mesmes si l'on met en avant
quelque nouvelle, il ne faut pour la rejetter que dire: Cela
n'est point dans la *Gazette,* et par conséquent cela est faux,
et s'il estoit vray la *Gazette* n'auroit pas manqué d'en parler.

Mais il est aisé de juger de la cause de cette haute faveur ; il ne faut point de lunette pour descouvrir le secret de cette intrigue ; un aveugle y mordroit s'il y vouloit mettre son nés ; et dés que l'on voit *Flatterie* avec *Gazette*, on ne doute plus qu'elle doit estre bien en cour, et que les cadets de la faveur la doivent adorer comme celle qui peut faire leur fortune. Aussi voit on continuellement chez elle des troupes de ces jeunes gens, qui viennent mandier sa plume, et la prier d'enluminer leurs belles actions avec un peu d'ancre. Et *Gazette*, qui fait son meilleur revenu de ce commerce, s'en sert avec un secret si merveilleux, qu'il n'y a point de carmin n'y d'outremer qui puissent mieux faire esclatter une peinture. S'il s'est passé quelque occasion, elle en fait une sanglante deffaite ; si dans une attaque quelque pagnotte, en voulant reculer, a receu de celuy qui le commande quelque coup de cane sur la teste, pourvu qu'il contente Mademoiselle *Gazette* ce sera l'estramasson d'un sabre des ennemis qui luy aura fait cette blessure. Tel à qui la lancette d'un chirurgien aura percé quelque faveur de Venus se dira blessé d'un coup de picque ou d'estocade, et quelqu'autre qui pendant cette affaire estoit à Paris, dans un lieu où véritablement il faisoit un peu chaud, sera mis au rang des premiers attaquants et de ceux qui ont le mieux payé de leurs personnes. Enfin tout va selon le caprice de cette rusée. La plus haute vertu se treuve estouffée sous le silence, à faute de la bonneter, et la plus grande lascheté passera pour genereuse, pourveu qu'elle passe par la *Gazette*.

Voilà ce qui la fait maintenir en authorité, ce qui luy donne la vogue. Le secret qu'elle a trouvé de vendre l'honneur et la réputation fait qu'elle est recherchée des uns et redoutée des autres. Elle est dangereuse en diable, il fait fort mauvais l'attaquer; sa plume et sa langue font des blessures que le temps augmente, au lieu de guérir, et quand elle fait estime de quelqu'un, elle oblige la postérité d'en faire le mesme jugement.

Il y avoit déja longtemps que les nouvelles passoient par ses mains, et les privilèges autantiques dont elle estoit munie sembloient l'assurer tout à fait en cette pocession, lorsque, le trouble survenant en cet estat et les cartes estant brouillées, il fallut nécessairement qu'elle fit flux, aussi bien que beaucoup d'autres. Comme elle avoit toujours torché le cul à la faveur, et qu'elle avoit suivi les plus lasches ordres qu'on luy avoit prescrit, voyant cette mesme faveur eschouée, elle se vit au bout de son rollet, et, ne sçachant plus du quel bois faire flesche, fut trop heureuse de se taire et de se retirer. Le peuple, eschauffé pour son propre interest, n'auroit pas reçu de trop bonne part des nouvelles de sa façon, non plus qu'elle eust peu se resoudre à dire les veritez de quelques personnes dont elle estoit esclave et mercenaire. Quoy que ses relations parlassent des gens de cour, ce n'estoit que parmy le peuple qu'elle en faisoit le débit. Mais son regne n'estoit plus de ce monde; la chance estoit retournée, il falloit changer de maxime et se tenir au rang des pechez oubliez, de peur que sa teste ne fît mal à ses pieds, et que, les affaires venant à changer de face, elle ne se vît convaincuë d'avoir laschement abandonné pendant leur disgrâce ceux desquels elle disoit tant de bien durant qu'elle tiroit sa protection de leur faveur.

*Gazette* donc se resolut assez sagement de se retirer, et son silence fut la marque de son interdiction. La tristesse l'accable, la pauvreté l'accueille, la faveur l'abandonne, et le malheur du temps l'enveloppe indiferamment dans la misere publique. Cent fois, durant ces tintamares, la demangeaison luy prend d'escrire les beaux faits des generaux du peuple ; mais en même temps la crainte du retour, qui vaudroit pis que matine, luy fait redouter l'autre party. D'ailleurs, tous les chemins estant bouchez, et les avenuës de cette grande ville entièrement bloquées, ses agends et correspondances ne sçauroient apporter aucunes nouvelles des pays esloignez ; toutes les lettres qu'on luy escrit sont interceptées, et leurs porteurs ajustez tout de rosty ; ses despesches sont despeschées, et de ses *Memoires* autant en emporte le vent ; elle n'ose plus mettre : De Rome un tel jour ; de Munster tel autre jour ; de Kracow, de Dantzite, de Londres, de Lisbonne, de Bayonne, de Naples, de Piombine, de Venise, de Gennes, de Cazal, etc., mais seulement de Paris, puis c'est tout. Elle ne peut parler de general Konixmarc, Roze, Lamboy, Fairfax, etc., et ceux de Paris sont les seuls dont elle peut dire quelque chose : autrement il seroit trop facile de la convaincre de fausseté, et se seroit faire douter de tout le reste en controuvant de si manifestes menteries. Bref elle se voit contrainte de souffrir le plus grand supplice qu'une fame puisse supporter, qui est la peine du silence ; son encre se sèche dans son cornet, et ses plumes ne servent qu'à des volants pour divertir cette profonde mélancholie.

Ce fut là l'interrègne de Madame l'*Histoire*. On n'entendit durant quelque temps ny vent ny voye, on ne sçavoit ce qu'elle estoit devenue, les curieux la cherchoient partout, et la disette du pain ne leur estoit pas tant insupportable que le manque de *Gazette;* ils ne sçavoient de quoy contenter les chancres affamez de leurs cerveaux ; quand ils se rencontroient l'un l'autre, c'estoit à demander : Que dit-on de nouveau ? je ne sçay rien, je n'apprends rien ;

cela est estrange qu'on ne sçait aucune nouvelle, il semble que tout soit mort depuis que la *Gazette* ne va plus; l'on vit comme des bestes, sans sçavoir rien de ce qui se passe. Ainsi sans quelques rogatons dont les colporteurs en vuidant leurs pochettes remplissoient ces chambres vuides de cervelle, ils prenoient le grand chemin des petites maisons. D'autres, pour suppléer à ce deffaut, forgeoient eux-mêmes des nouvelles pleines d'immaginations bouruës et de coq à l'asne, en faisant accroire aux simples et donnant à rire aux serieux; bien souvent en parlant d'un homme que l'on tenoit pour mort, il passoit à cheval devant eux monté comme un sainct George et crevant de santé: d'autres fois ils publioient que nos gens avoient gagné quelque poste, et deffait le party contraire, lors qu'ils en revenoient après en avoir esté chassés eux mesmes et battus dos et ventres en enfans de bonne maison.

Ce desordre obligea dame *Histoire* à se servir d'une personne interposée qui ne fût ny suspecte ny taxée de *Flatterie*, et choisit pour cet effet certain Courrier inconnu, qui se nomma *François*, mais il ne se devoit nommer que Parisien, d'autant que ses courses ne s'estendoient point hors des portes de cette ville. Elle instruisit cet homme de toutes les manigances qu'il falloit pratiquer, comme il falloit adoucir et couler les mauvaises nouvelles, exagerer les avantageuses, asseurer les douteuses délicatement, si bien que l'on ne s'en peut dedire sans contradiction, et faire en sorte de se faire bien venir des puissances, agréer du peuple, et n'attirer sur soy la haine ny la malediction de personne. Après ces instructions il prit la place de *Gazette*, et sceut si bien encherir par dessus son stile, que dès sa première arrivée, qui fut de son logis chez l'imprimeur, on cria : *Vivat*, adieu *Gazette* et courre le *Courrier!*

4*

Je m'imaginois au commencement que c'estoit un piqueur
de chevaux qui fût toujours en selle et le foüet à la main,
qu'il eust les fesses endurcies comme un postillon, qu'il
courût incessamment la poste, la botte tirée jusques au
pommeau de la selle, et qui fît des cinquante lieuës par
jour sans s'arrester jamais deux heures en une place; mais
la première rencontre que j'en fis chez l'imprimeur me
détrompa de cette créance, et me le fit connoistre pour un
piqueur d'escabelle, qui ne levoit que rarement le cul de
dessus, si ce n'est qu'il eust affaire au Palais ou à l'Hostel
de ville.

N'estoit-ce pas un homme fort propre à cette profession?
N'estoit-il pas bien nommé *Courrier françois?* et donnant
dans Paris des nouvelles seulement de Paris, avoit-il pas
bonne raison d'ajouster à son titre ces mots, *apportant toutes
sortes de nouvelles*, puisque celles dont il nous faisoit part
estoient le plus souvent si vieilles et rebattuës, que, dis-je,
les enfans en alloient à la moutarde?

Il est bien vray qu'il n'estoit pas ignorant; ses préambules
estoient tousjours farcis de latin et sa relation avoit bien
du stile d'un sermon de village; il sçavoit les lieux communs, dont il enrichissoit son discours assés à propos, et,
lorsque les nouvelles n'estoient pas assez abondantes, il
trouvoit le moyen, comme estant de pratique, de tirer et
d'allonger la matière pour achever le cayer et remplir la
mesure. Lorsque nos generaux n'avoient rien executé de
nouveau, Ciceron avoit dit de belles choses; de l'*Histoire
françoise* n'ayant rien à dire, on avoit recours à la *Romaine*,
dont on rapportoit des exemples qui n'avoient aucune application.

Il avoit toutesfois bien choisy son temps, et, comme
personne ne le contredisoit, il pouvoit faire ses orges, et

faire accabler son imprimeur de sols bossus. Le pain ne se
vendoit pas mieux que ses papiers; on y couroit comme
au feu, l'on s'assommoit pour en avoir, et les colporteurs
donnoient des arres dès la veille affin qu'ils en eussent des
premiers. On n'entendoit, les vendredis, crier autre chose
que le *Courrier françois*, et cela rompoit le col à toutes
les autres productions d'esprit, parmy lesquelles il se pouvoit tréuver quelque bonne pièce.

Mais enfin, après douze de ses arrivées, qui n'estoient,
comme j'ay dit, que de son logis à l'imprimerie, et dans
toutes lesquelles il n'a jamais usé qu'une paire de souliers,
la Paix, nous remettant dans le bonheur, fit la fin de son
negoce et de sa bonne fortune; son travail cessa quand tous
les autres recommencèrent, et il commença de se plaindre
quand tout le monde ne songea plus qu'à se resjoüir.
Ainsi va le monde, chacun à son tour, il n'est pas tousjours
temps de rire, et l'on ne peut pas estre et avoir esté.

Toutes les choses estant retablies par cet accord, chacun
voulut rentrer dans ses droits ; et surtout Mademoiselle
*Gazette,* sortant de son trou de boulin, où elle s'estoit tenue
recluse et le bec clos à crocquer le marmot durant tout le
temps de la guerre, pria sa maistresse de luy rendre ce
qu'elle ne luy avoit osté qu'à cette condition. La bonne
dame ne luy peut pas refuser une requeste si juste, mais,
pour contenter son *Courrier,* qui ne vouloit point demor-
dre, elle luy conseille de luy laisser encore faire une de
ses corvées. Il fallut passer par là, malgré son impatient
desir d'en desgoiser après un si long et si penible silence;
mais comme le drosle vouloit encore continuer ses courses,
elle le fit arrester et prendre au collet dans le temps qu'il
alloit chez l'imprimeur, et le fit conduire au palais de sa
maistresse, comme rebelle à ses ordonnances et ses privi-

léges. Il deffendit sa cause le mieux qu'il luy fut possible, alleguant pour ses raisons qu'une fame n'estoit pas capable de cet employ, et que c'estoit une indignité de laisser un si sage gouvernement en gynocratie. Je vous laisse à penser si, parlant en presence d'une fame qui estoit le juge de ce different, ses deffenses pouvoient estre bien receuës; il fut donc condamné haut et court à faire *vidi aquam,* tenu de prendre Mademoiselle *Gazette* par la main, et la remestre en sa place qu'il vouloit usurper avec l'injustice.

Cela se fit en pompe et ceremonie; la Donzelle parut avec plus d'esclat que jamais, et eut un si riche équipage qu'il est besoin d'en dire les particularitez.

Premièrement sa taille estoit fort avantageuse, affin de pouvoir descouvrir partout, et d'avoir toujours le nez au vent; elle estoit laide comme un cu, mais sa compagne *Flatterie* luy avoit mis un masque qui la faisoit paroistre belle comme le jour; sa coiffure à la mode enrichie de galons de toutes sortes de couleurs, mais je trouvay fort estrange qu'elle faisoit comme vanité de monstrer de grandes vilaines aureilles, dans les trous desquelles elle avoit fiché les bouts de quantité de petits entonnoirs d'argent, dont chacun portoit gravé le nom de quelque province. Elle avoit à la droite une plume fort bien taillée, à la mode des procureurs, et l'escritoire pendüe à la ceinture de sa robbe en façon de monstre ou de drageoir. Son collet estoit de point de Gennes, sa chemise de toille de Hollande, ses manchettes de Flandre, et sa robbe à l'Italienne, de taffetas changeant, parsemée de langues et d'aureilles en broderie. Elle avoit autour d'elle autant de miroirs qu'une revendeuse, dans lesquels, de quelque costé qu'elle se tournast, on pouvoit remarquer tout ce qui se passoit aux environs, mais les objets y paroissoient plus beaux qu'ils n'estoient, et les glaces n'en estoient guère fidelles. Elle avoit des aisles à ses patins ; ses pieds n'estoient jamais en repos, et sembloient faire beaucoup de chemin, quoy qu'ils ne bougeassent de leur place. Des pacquets de papiers sortoient de ses pochettes ; l'on luy dardoit incessamment des lettres et des despesches, et les pacquets vosloient autour d'elle comme les mouchoirs sur le théâtre d'un charlatan.

Le siége où elle se devoit asseoir estoit pliant, fait de bois de tremble, dont la boule de la Fortune faisoit le marchepied, et toute cette machine estoit sur un pivot, au haut duquel estoit une giroüette, qui, tournant à toutes sortes de vents, tournoit quant et quant le siége et la personne qui y estoit assise. Dès qu'elle y eut esté conduite par l'infortuné *Courrier*, elle luy fit une reverence et luy dit serviteur très-humble.

Après s'être fait rendre les marques et les ornements de sa dignité, aussitôt je vis entrer des Espagnols, Allemands, Flamands, Suisses, Portuguais, Italiens, Catalans, Napolitains, Hollandois, Anglois, Escossois, Hibernois, Danois, Suedois, Hongrois, Polonois, Venitiens et toutes sortes de nations, qui la vinrent congratuler de son restablissement, et luy conter tant de belles choses que, ne pouvant souffrir davantage tous ces caquets, je sortis de la chambre tout estourdy, avec un desgoust estrange de tous ces fagotteurs de nouvelles, et souhaittant de trouver une personne qui fût assez homme de bien pour escrire franchement, sans déguisement, *Flatterie*, ny dissimulation, n'ayant que la *Vérité* pour guide, qui doit estre l'ame de l'*Histoire*.

Cette affluence d'étrangers venant complimenter la Gazette rappelle une très curieuse estampe de l'époque, qui a été conservée à la Bibliothèque nationale. On y voit la Gazette assise sur une espèce de tribunal; sa robe est parsemée de langues et d'oreilles. Le Mensonge, démasqué, lui lance des regards pleins de haine; la Vérité, au contraire, semble heureuse d'être assise auprès d'elle. Au pied du tribunal, à droite de la Gazette, qui le désigne du doigt, Renaudot remplit les fonctions de greffier. Les *cadets de la faveur* se pressent autour de lui et lui offrent de l'argent; mais il détourne la tête pour ne les point entendre. A gauche, sept personnages, *les diverses nations*, dont un à cheval, et parmi lesquels on distingue un Castillan à la longue rapière, aux moustaches retroussées, et un Indien coiffé de plumes, apportent des nouvelles et remettent des lettres à la Gazette, en chantant son éloge. Au fond est le crieur du journal, avec un panier d'exemplaires. Chacun des personnages est supposé réciter un quatrain gravé en marge de l'estampe, et que nous croyons pouvoir nous dispenser de reproduire.

Des nombreux pamphlets dont la Fronde cribla Renaudot, nous en citerons deux encore, moins limés que le précédent, mais plus personnels, et plus propres à donner une idée du ton de la polémique à cette époque d'effervescence.

# LA GAZETTE BURLESQUE

## ENVOYÉE AU GAZETIER DE PARIS

*Mil six cent quarante-neuf*

> Sunt quatuor quæ nunquam
> dicunt satis : mare, vulva mu-
> lieris, infernus et bursa Ga-
> zetarii.
>
> C'est-à-dire :
>
> Il y a quatre choses qui ne
> disent jamais c'est assez : la
> mer, la matrice de la femme,
> l'enfer et la bourse du Ga-
> zetier.

*De Naples, le 4 du mois que l'on mange les maquereaux frais.*

La mer, ayant esté extraordinairement orageuse, a vomy
sur nostre rivage une telle quantité de poissons et de maquereaux, qu'après les abondantes provisions du public,
l'on en a peu encore saler dans des bariques pour en fournir à l'univers.

*De Milan, le quatorʒième du mois que l'on tue les pourceaux
pour avoir du boudin.*

Il y a eu icy un si grand meurtre de ces pauvres bestes
que leurs pleurs et leurs cris, du tort que l'on faisoit à
leur innocence, alla jusques aux oreilles du Grand-Turc,
dont il eut grand pitié, car il les aime fort.

### De Paris, le.... des calendes de juin.

Il pleût tellement deux jours durant, que les femmes
qui estoient par les ruës descouvroient leur cul pour
couvrir leur teste; les vieillards de nonante ans ne peurent
manger sans ouvrir la bouche; les aveugles ne se voyoient
pas l'un l'autre, et l'eau ne cessa de couler par dessous le
Pont-Neuf.

### De Rome, le quatriesme des nones de may.

Sa Sainteté, qui par son soin paternel et pastoral veille
sur son troupeau, voyant approcher l'année du S. Jubilé,
ordonna, en son consistoire tenu le dit jour, que tous les
princes et peuples chrestiens et catholiques en soient ad-
vertis, et conviez de se tenir prests pour acquerir les fruicts
de ce celeste tresor, et pour cet effet envoya par toute la
chrestienté sa patente latine, qui, attrapée par le tout at-
trapant Gazetier de Paris, qu'il dit luy avoir esté envoyée
d'icy, par luy traduite en françois, imprimée et venduë
avec effronterie parmy les fragmens et haillons de sa pro-
fane boutique pour en faire bourse, ainsi qu'il fait de
tous les autres fatras, ayant rempli cette traduction de
mots nouveaux et vestibules, qui montrent qu'il est mal
versé au stile romain. Cependant s'il eust eu quelque pudeur chrestienne, il n'eust pas logé cette auguste, très
chrestienne et divine pièce, dedans son dit Bureau de l'A-
dresse, cloaque, sentine, registre et memorial funeste de
tous les meurtres, massacres, incendies, famines, saccage-
mens, vols, violemens et pilleries d'églises, sacriléges et
desolations de toute la chrestienté, dont il est le trompette
solennel, employant en ces funestes relations toute la vigueur de sa rhetorique, par le moyen de quoy il estime

s'immortaliser, imitant ce scélerat qui pour faire parler
de luy brusla le temple de Diane en Ephèse. Il devoit au
moins faire cette traduction *incognito*, mot qu'il a pris
aux Italiens, et duquel il se sert si souvent, et de cette
façon il se seroit mis à couvert du reproche qu'il en reçoit.
Mais quoy! pour faire pis que les heretiques, il a voulu
incorporer cette precieuse matière parmy ses escrits profanes pleins de cadavres, d'horreurs, de sang et de feu; et,
sans prendre garde que son mestier ne se doit point mesler
de ce qui appartient à l'Eglise, il s'est porté à cette criminelle entreprise, non pour la decorer, mais pour indigne-
ment autant qu'avarement chercher du lucre, semblable
aux chauves souris, qui n'entrent dans les temples que
pour boire et succer l'huile des lampes et ronger les napes
des sacrez autels.

N'avez-vous point aussi pris garde qu'au lieu de laisser
à cette sainte pièce le titre qu'elle avoit, d'*Innocent, évesque,
serviteur des serviteurs de Dieu*, il l'a coëffée d'un préambule payen, et coq à l'asne, sur la fin duquel, en goguenar-
dant impieusement, il dit qu'il luy prend envie de donner
au peuple des jubilez universels. Mais les chevreaux d'E-
sope connoissent bien à sa patte de loup qu'il n'est pas
leur mère, et ce langage ne sçauroit estre que scandaleux
aux oreilles des bons chrestiens, lesquels aussi, pour estre
plus facilement desabusez, sçauront que toute traduction
et impression des escritures concernant le S. Jubilé, et
autres œuvres du domaine de notre sainte mère l'Eglise,
qui doivent estre publiées dans la ville et diocèse de Paris,
sont d'ordinaire venuës et approuvées par Monseigneur
l'illustrissime et réverendissime Archevesque de Paris, ou
par messieurs ses grands vicaires, toute autre version et
impression estant tenuë fausse et reprouvée.

## LE VOYAGE DE THÉOPHRASTE RENAUDOT

### GAZETTIER, A LA COUR

Maistre fourbe et plus menteur que ne fut jamais le
plus subtil arracheur de dents qui soit dans le domaine
du Pont-Neuf, où diable allés-vous? Tout le monde sçait
que le lendemain des Roys vous vous en fustes à S. Germain, crainte que vous aviés d'être enfermé dans les barri-
cades, ou d'être ensevely dans l'un des tonneaux qui ser-
virent de rempars à la defense des bourgeois de Paris,
lorsque le roy, quittant son palais, t'avoit laissé seul dans
les galleries de son Louvre, où tu estois demeuré un moment
pour apprendre ce qui se passoit dans l'esprit, dans la
pensée, dans l'intention des habitants. O dieux ! tu manques
de nez, si ce n'est que les plus courts soient les plus beaux,
ou que les plus puants soient les meilleurs, comme l'on
dit des fromages ; mais tu en eus cette fois, car les païsans
révoltés étoient résolus de te faire mourir dans un tonneau
de la plus fine merde qui se trouve dans les marais, ou
dans la rue des Gravilliers.

Mais dy-moi, en vérité, que vas-tu faire à Compiègne?
L'on dit que le roy t'a mandé, et qu'il a dessein de t'envoyer en Canada, apprendre de ces peuples la façon de
dissimuler avec adresse, et faire passer des impostures
pour des verités ; mais il veut que tu sois monté sur un
asne, afin que ta personne, tes Gazettes et ton voyage
n'ayent rien qui ne sente la beste. Les autres disent que
c'est pour contenter l'humeur du prince de Condé, qui
désire que tu sois à la cour, afin de rédiger par escrti ses
plus belles actions, et le mettre au rang des conquerans,

comme tu es au nombre des hommes illustres, et des plus
celebres en méchanceté.

A propos de ce discours, je me trouvay l'autre jour dans
une compagnie, où un jeune homme qui revenoit d'Italie
protesta que tu serois le très-bien venu à Rome, si tu vou-
lois y aller, pour enseigner aux Italiens les remedes dont
tu t'es servy pour te guarir de la verole, ou les moyens de
bien empoisonner quelqu'un, sçachant qu'en ta personne,
comme en celle de ta femme, tu as excellé en ces deux
secrets. Pour moy, je ne te conseille pas d'y aller, et
peut-estre gaigneras-tu plus icy que là, pour des raisons
que tu sçais bien, et qu'il ne faut pas dire.

Les âmes moins scrupuleuses croyent que tu vas à Compiègne pour y apprendre quelque religion, parce que tu
n'en eus jamais aucune, et que celle des mahomettans t'est
aussi bonne que celle des chrestiens : en effet, tu les ap-
prouves toutes, et tu n'en rejettes pas une, et tu ressembles
proprement le poëte Aretin, qui disoit du mal de tout le
monde, excepté de Dieu, parce qu'il ne le connoissoit pas,
et que même il ne le vouloit pas connoistre. L'on pourroit te comparer au caméléon, qui reçoit toutes sortes de
couleurs, mais qui ne prend jamais de blancheur : tu
connois toutes les malices, mais tu ignores l'innocence, et,
de toutes les mauvaises qualités que tu possèdes, la moins
blâmable est celle de mépriser la vertu.

Les courtisans disent que tu vas à Compiègne pour composer un livre à la louange de la beauté, en faveur de
mademoiselle de Beauvais, parce qu'elle avoit eu asses de
complaisance pour dire un jour que, si tu n'estois pas
parfaitement beau, qu'au moins tu estois asses agreable,
et que tu pouvois gaigner par les charmes de ton discours
ce que tu pouvois perdre par les deformités de ton

visage et les puantes infections de ton chien de nez pourry.

Pausanias dit qu'il y avoit à Laida, ville de Grèce, une statuë d'Esculape plus laide qu'un démon, qui estoit neantmoins respectée, parce qu'elle rendoit des oracles avec une voix assés harmonieuse et assés intelligible, qui par après fut brisée par les citoyens de la même ville, à cause qu'elle avoit prédit des faussetez. Il en arrivera de même de ta personne. Tu es déja hay pour la difformité de tes yeux, de tes mœurs, de tes actions, de tes desbauches infames, de tes saletés, de tes abominations ; tu ne manqueras pas à Compiègne d'escrire et d'annoncer mille mal-heurs à la ville de Paris ou au Parlement, qui n'a pas voulu rechercher ta vie, de peur qu'en la trouvant criminelle, il ne fût obligé de la mettre avec les charognes de Monfaucon : prends garde que les mensonges de ta Gazette n'animent le peuple à te reduire en cendre.

L'on demandoit avant hier, en compagnie de plusieurs peintres, ce que tu allois faire à Compiègne. Les uns disent que la reyne avoit dessein de faire tirer ton portrait, à fin d'avoir toujours devant les yeux l'image d'un demon, pour lui oster l'envie d'aller en enfer, où les objets sont si épouvantables, que leur seule veue est capable de tourmenter les hommes et leur causer mille supplices. Les autres protestèrent que le Grand-Maistre, qui sçait presque tous les noms des diables et cocus, parce qu'il est connu des uns et des autres, souhaittoit de sçavoir comment estoit fait celuy qui tenta S. Antoine dans les déserts, et que, luy ayant dit que ton visage avoit bien du rapport avec le sien, selon au moins que nous témoignent les tableaux qui representent cette sainte histoire, sinon que tu n'avois point de cornes à la teste : « Hé bien, répliqua le Grand-Maistre, ne faites aucune difficulté de luy en mettre : il est bien diable et cocu tout ensemble. » Les autres, enfin, conclurent qu'il faisoit voyage à la cour pour obliger le mareschal de Grammont, qui l'a prié instamment de faire à part un volume du *Mercure françois*, qui contienne l'histoire, la vie, les combats, les victoires, les mémorables actions de cet incomparable guerrier, qui guigne toujours en fuïant et qui est plus heureux au jeu qu'à la guerre. Plutarque dit que les princes ont esté heureux qui ont eu auprès de leurs personnes des hommes capables de décrire leurs belles actions; Neron ne pouvoit rien faire que Senèque ne pût dire, et Senèque ne pouvoit rien dire que Neron, dans le commencement de son règne, ne pût aussi faire. Le mareschal de Grammont a ce bonheur: il peut conquerir tout le monde, bien qu'il ne le fasse jamais, et Renaudot peut faire le recit de ses prouësses. Mais le plus grand miracle qù'ils puissent faire tous deux, c'est de guérir l'un de la vérole, et l'autre des goutes.

Vien-ça, vendeur de Theriaque; confesse ingenuëment et ne dissimule point, que vas-tu faire à la cour? Sans doute Mazarin a dessein de t'employer et te faire imprimer des arrêts contre le Parlement. Tu me diras, et il est vray, que tu as perdu ton crédit à Paris, que ta vie y est en horreur à tout le monde, que tes impudicitez y sont découvertes, tes effronteries reconnuës, tes mensonges méprisez. D'ailleurs, tu sçais que maintenant, non-seulement tu passes pour estre peu versé dans les sciences, mais pour estre ignorant tout à fait: deux cents esprits, dont le moindre te surpasse en vertu, en doctrine, en expérience, ont écrit ces jours passez avec autant d'admiration que d'éclat, qui ont donné au public les plus belles choses du monde, et qui, par la splendeur de leur sçavoir éminent, ont ensevely sous les cendres d'un oubly éternel toutes tes œuvres et tes productions. Tu vois que ta Gazette ne marche plus, que le peuple aussi bien que les curieux sont desabusez de tes impostures ; tu veux l'aller debiter à la cour, où ta personne et tes mensonges seront toujours bien reçeus tant que Mazarin vivra. Marche, haste-toy, on te pourroit ici couper les oreilles après que le feu t'a brûlé le nez. Mais pren garde ou de ne rien écrire contre le généreux duc de Beaufort, ou de ne plus retourner icy, car, sans doute, on t'y jouëroit mauvais party.

On tient pour assuré que le cardinal te demande avec instance, et il se persuade que tu luy rendras deux bons offices : il attend ce service de ta courtoisie, et se promet de ta fidelité tout ce qu'il peut esperer d'un honneste homme comme tu es. Le premier sera de tant dire de bien de luy, de mander si souvent qu'il n'a autre dessein que de rendre le roy puissant et glorieux, que de rendre les peuples heureux et la France victorieuse, que de procurer une paix generale, que d'exterminer la race des monopoleurs et d'abolir les maudites inventions qui ruinent les sujets sans enrichir le domaine du roy, qu'à la fin les peuples, vaincus par ces fausses persuasions, seront contrains de changer d'opinion et de croire Mazarin l'auteur et l'appuy de leur fortune, bien que son ame malicieuse et damnée ne medite que des vengeances et des cruautez. Ce perfide t'envoye donc querir pour le justifier! Mais je croy que tu auras bien de la peine à le faire, qu'un méchant ne sçauroit guère obliger un autre méchant, et que les peuples ne sont aucunement disposez à donner créance, ny à ce que tu diras, ny à ce que fera Mazarin.

Le second service qu'il prétend de vous, c'est qu'etant en cour, vous instruisiez ses nièces à faire de si beaux complimens, qu'elles puissent enfin, par leurs discours, attraper quelques princes et les obliger à les prendre pour femmes. Mais prenez garde que les dames de France qui y sont intéressées ne vous fassent dancer quelque cabriole.

Surtout, pour aller à Compiègne, ne vous servez pas de la monture de votre servante : elle jure qu'elle est bien lasse de vous porter, et qu'elle ayme mieux boire au Robinet ; elle ne vous porta, l'autre jour, que l'espace d'un quart d'heure dans votre imprimerie, et néantmoins elle etait si fatiguée qu'elle n'en pouvoit plus. Mais servez-vous de La Chaux : ce sera un asne monté sur une beste.

Du reste, cette meute qui aboyait sans cesse autour de Renaudot ne paraît pas l'avoir jamais beaucoup ému ; elle lui laissait, dans tous les cas, assez de calme pour riposter aux pamphlétaires étrangers. Ainsi nous trouvons de lui, datant de ces années orageuses de la Fronde, un volumineux factum dans lequel il défend longuement certaines appréciations, certains faits avancés par la *Gazette*, et qui avaient motivé des attaques de la part des gazetiers d'outre-Rhin :

« La *Gazette* est un écho qui réfléchit les bruits éloignés..... Les fautes que vous m'imputez sont, à votre ordinaire, d'assez mauvais petits contes surannés, autrefois inventés à plaisir par ceux qui voulaient décréditer la même *Gazette,* dont la candeur a survécu à la médisance.....

« Etudiez donc mieux, une autre fois, vos in-

jures, si vous désirez qu'on les croie, et, pour
vous donner un meilleur avis que les vôtres, si
vous voulez persuader à un chacun que le Gazetier de Cologne puisse corriger celui qui fait les
Gazettes à Paris, qu'il commence à en faire de
meilleures que lui, et qu'il le fasse croire au peuple, juge qui ne flatte point, et à qui vous vous
devez prendre que celles que vous envoyez sont
de si mauvais débit qu'il y a peu de personnes qui
en veuillent pour le port, et même pour leur
prix, quelque petit qu'il soit, et moindre que le
parisis des nôtres, de sorte que, si vous prétendez
avoir des lecteurs, vous serez contraint de les
distribuer aux passants, comme on fait ici les
affiches des charlatans sur le Pont-Neuf, tandis
que celles de Paris manquent plutôt que les curieux pour les arracher des mains des colporteurs, encore toutes moites de l'impression..... »

Cette longue polémique serait instructive à plus
d'un titre ; malheureusement les pièces en sont à
peu près introuvables.

## NOTRE PREMIER JOURNAL INDUSTRIEL

### *Les Petites Affiches.*

Nous savons que les registres du Bureau d'adresse étaient ouverts, moyennant une faible rétribution, à tous ceux qui se présentaient ; pour trois sous on y pouvait faire inscrire toute espèce de demande ou d'offre, et pour la même somme on obtenait un extrait du registre, « duquel le secret était étroitement observé (1) ». Mais Renaudot avait bien vite compris que, pour servir plus utilement les intérêts de ses clients, il devait porter directement à la connaissance du public, à domicile, leurs demandes et leurs offres.

Il avait bien la *Gazette*, créée dès l'année qui suivit l'installation du Bureau d'adresse ; mais cette feuille s'était interdit, ou on lui avait interdit, toute matière étrangère aux nouvelles politiques. Il avait donc créé de bonne heure, sous le titre de *Feuille du Bureau d'adresse*, un organe spécial, qui n'était, en grande partie, que la reproduction de ses registres.

(1)  *Pour nos trois sous nous y pouvons entrer*
     *Et trouver quelque chose ou blanque,*
lit-on encore dans le Ballet que nous avons cité.

Th. Renaudot.                              4**

Je ne saurais préciser le commencement de cette publication; je n'en connais que deux numéros, les n^os. 15 et 17 : le premier porte la date du 1^er septembre 1633, l'autre celle du 21 ; ce qui pourrait faire supposer qu'elle paraissait tous les dix jours. On n'y trouve aucune indication du prix. Quant au fonds, c'était absolument nos *Petites-Affiches* actuelles, qui, aussi, n'hésitent pas à faire remonter jusque-là leur origine. Voici, d'ailleurs, quelles en étaient les principales rubriques :

Terres seigneuriales à vendre. — Maisons et héritages aux champs en roture à vendre. — Maisons à Paris. à vendre. — Maisons à Paris à donner à loyer (1). — Maisons à Paris qu'on demande à prendre à loyer. — Rentes à vendre. — Bénéfice à permuter. — Offices à vendre.

Nous transcrivons les deux dernières rubriques :

*Meubles à vendre.*

22. Un habit neuf de drap du sceau écarlate, qui n'est

---

(1) Nous citerons un seul article, comme point de comparaison :

*Une maison au quartier du Pont-Neuf, consistante en deux portes cochères, deux caves, cuisine, puits, grande salle, sept chambres avec leurs bouges et cabinets; du prix de douze cents livres.*

Chaque article est terminé par l'indication du volume et du folio sur lequel il est inscrit au Bureau d'adresse.

pas encore achevé, doublé de satin de mesme couleur avec un galon d'argent. Le prix de dix huict escus.

23. Un lit à pentes de serge à deux anvers, vert brun, avec des bandes de tapisserie et la couverture traînante. Le prix de soixante livres.

24. Une tanture de tapisserie de Flandres à personnages, de cinq pièces, du prix de cinq cens livres.

25. Deux pendans d'oreille, de deux perles en poires bien blanches et unies de quatre carras, pendantes à un croissant d'or, du prix de cent livres.

26. Un chapelet à six dizaines d'amethistes, avec des grains et une grosse croix d'or, du prix de soixante escus.

27. Une chesne de deux cens perles orientales rondes et blanches, du prix de vingt-cinq escus pièce.

*Affaires meslées.*

28. On donnera l'invention d'arrester le gibier et l'empescher de sortir du bois et d'y rentrer, quand il en sera sorti, par d'autres lieux que ceux qu'on voudra.

29. Une autre donnera l'invention de nourrir quantité de volailles à peu de frais.

30. On demande un homme qui sçache mettre du corail en œuvre.

31. On demande, à constitution de rente, la somme de huict cens livres, sur bonnes assurances.

32. On veut vendre un atlas de Henricus Hondius. Le prix de quarante-huit livres.

33. On prestera, à constitution de rente, la somme de mil livres en une partie, mesme au denier vingt, pourveu que ce soit à quelque communauté.

34. On demande compagnie pour aller en Italie dans quinze jours.

35. On vendra un jeune dromadaire à prix raisonnable.

Nous n'avons pas besoin de faire ressortir l'importance qu'aurait eue pour notre histoire morale un pareil recueil, s'il se fût continué et qu'il fût parvenu jusqu'à nous.

## NOTRE PREMIER RECUEIL SCIENTIFIQUE

Aux titres du publiciste que nous connaissons déjà : le journal politique et le journal industriel, nous nous croyons autorisé à en ajouter un autre encore, le recueil scientifique, qui suivit de près les deux autres, nés presque simultanément, tant avait été vive chez Renaudot, dès son entrée dans cette carrière du journalisme, la conception de la puissance du nouvel instrument dont il enrichissait la France.

Dès 1633, en effet, il se tenait au Bureau d'adresse une « académie ouverte à tous les bons esprits, qui y venaient conférer en public de toutes les plus belles matières de physique, de morale, mathématiques et autres disciplines, et laquelle était une des plus belles et plus utiles institutions qu'eût faites Renaudot, au jugement même de plusieurs de ses ennemis. »

Le goût des petites réunions littéraires était alors fort répandu. On se réunissait chez mademoiselle de Gournay, chez Balzac, plus tard chez Ménage ; mais on ne s'occupait dans ces réunions que de la langue et de la littérature françaises. Renaudot, le premier, provoqua, organisa des « Conférences ou assemblées de gens doctes et curieux des sciences et des arts, qui se tenaient tous les lundis, de deux heures à quatre heures, et où tous étaient reçus à donner leur avis, ou à écouter ceux d'autrui, sur la matière proposée. »

Le programme de chaque conférence était, en effet, donné à l'avance dans la *Feuille du Bureau d'adresse*, et le compte-rendu en était publié sous le titre de *Première... Deuxième... Centurie des questions traitées ès Conférences du Bureau d'adresse.*

Ainsi je rencontre, à la date du 20 septembre 1633, un avis ainsi conçu :

« Le premier des deux points desquels il se traitera céans en la première heure de la Conférence du lundi cinquième du courant, à savoir à deux heures après midi, sera : *Des Causes.* En la seconde heure on recherchera particulièrement *Pourquoi chacun désire qu'on suive son avis, n'y eût-il aucun intérêt.* La troisième heure sera employée, à l'ordinaire, en la proposition, rapport et examen des secrets, curiosités et inventions des arts et sciences licites. »

Et dans le Compte-rendu de cette Conférence, qui était la troisième, on voit que dix personnes parlèrent sur le premier point; mais pour l'autre question il n'y en eut guère que quatre ou cinq. Quant aux *curiosités* et *inventions*, celles dont on s'occupa furent un microscope qui faisait paraître une puce aussi grosse qu'une souris, et la grande question du mouvement perpétuel.

Le recueil de ces Conférences qui nous est parvenu en contient 335, du 22 août 1633 au 1er septembre 1642.

C'est bien là évidemment l'origine des Comptes-rendus, des recueils de Mémoires de nos sociétés savantes, et peut-être trouvera-t-on avec moi qu'on n'a pas fait, de cette académie des sciences au petit pied, le cas qu'elle méritait.

Ainsi peut-on dire que Renaudot a créé le journal de toutes pièces, et cela, comme on va le voir, au milieu de luttes qui demandaient toute son indomptable énergie.

IV

# LE MÉDECIN

# LE MÉDECIN

---

*Démélés de Renaudot avec la Faculté de médecine de Paris.*
*Fameux Procès.*

Je laisse à de plus compétents à juger des doctrines et des idées de Renaudot en matière médicale ; je n'envisage ici que la façon dont il les mit en pratique et l'influence qu'elles eurent sur sa destinée.

On serait autorisé, après tout ce que nous venons de voir, à se demander comment il pouvait suffire à tant et de si diverses occupations, quel temps lui restait pour ses malades. Il le comprenait parfaitement lui-même, et dès 1630 il s'en expliquait ainsi :

« Je me persuade qu'un nombre de petits avortons d'esprits, à peine capables d'une seule chose, jugeant des autres par eux-mêmes, blasmeront la diversité de mes emplois, voyant que mes veilles et l'habitude que j'ay prise dès mon

enfance à l'assiduité du travail me donnent assez
de temps pour exercer ma profession de la médecine avec honneur, et au contentement, comme
je croy, de ceux qui m'employent ; assez pour
servir de Paranymphe aux héroïques actions que
toute la France admire dans mes Eloges, moins
riches, à la vérité, de mon ouvrage que de leur
matière, mais tels qu'ils se font lire et taire la calomnie ; assez pour m'égayer et ne m'estranger point
les plus délicattes oreilles par mes poëmes ; assez
pour n'abandonner pas le soin qu'il a pleu au Roi
me commettre du reiglement des pauvres, quelque
difficulté qui s'y trouve, dont j'appelle à tesmoing
tous les Ministres de l'Estat et les principaux
Officiers des cours souveraines, et assez encor
pour obliger le public, en cet establissement de
mes Bureaux de rencontre, de toutes ses nécessitez.
Ils diront sans doute bien plus hardiment qu'ils
le faisoyent, que je devraye employer cette vigueur
toute entière à l'exercice de ma profession.

« C'est aussi ce que je fay : je ne partage point
mon esprit en mesme temps à deux diverses choses. Ceux qui ont quelque nom en la médecine,
avec lesquels j'ay souvent l'honneur d'en conférer,
doivent ce tesmoignage à la vérité.

« Non, ces petits aristarques me permettront de
leur dire qu'ils ne sçavent pas la longueur d'un

jour naturel, ménagé d'un bon ordre. La médecine est le centre de mon repos, c'est la masse de
mon édifice... Sont-ils donc fachez de mes passe-
temps ? L'Hypocrate et le Galien n'estoyent pas de
cet avis, quand ils nous désiroyent la cognoissance
de toutes les disciplines ; et jusques aux pauvres
malades reconnaissent la différence qu'il y a entre
l'ennuieuse pesanteur de celuy qui ne les tire
jamais du triste penser de leur maladie, et la
gayeté d'un esprit universel qui sçayt divertir le
leur, quand il en est temps, par la plaisante variété
de son discours, lequel, bien souvent, ne sert
pas moins de médecine à l'âme que les remèdes
matériels au corps, et qui, pour leur grande con-
nexité, n'est guères moins nécessaire. Mais c'est
ainsi que jadis, pour la même variété d'estude,
Celse, Fracastor, Cardan, Scaliger, et tant d'autres
grands médecins, ont receu mesme blasme :
qu'ainsi je puisse leur ressembler en la louange
qu'ils ont finalement remportée ! »

Le fait est qu'il n'était pas moins recherché pour
ses vives et intarissables causeries que pour son
habileté dans l'art de guérir, habileté incontes-
table d'ailleurs. L'ardeur qu'il mettait à toute
chose en serait déjà un gage ; mais nous en trouvons encore une preuve plus certaine dans la
haine dont le poursuivirent ses confrères pari-

siens, dans la guerre acharnée que lui fit la Faculté
de médecine de Paris.

Cette querelle, qui occupa pendant des années la
cour et la ville, et dans laquelle Renaudot déploya
un indomptable courage, mérite que nous nous
y arrêtions; c'est assurément une des pages les
plus intéressantes de notre histoire sociale; il y a
dans le fatras d'écritures qu'elle produisit, indé-
pendamment d'interminables discussions médicales, qui ne sont point de notre compétence, des
révélations de toute nature, aussi instructives que
curieuses, dont nous ferons notre profit.

Pour la comprendre, il faut se reporter au
temps; il faut se rappeler qu'à cette époque on
était en tout sous le régime du privilège. Or,
d'anciens règlements interdisaient l'exercice de la
médecine à Paris à quiconque n'avait pas reçu
ses grades à l'Université de cette ville. Ce privilège, elle prétendait le tenir du Saint-Siège, auquel
elle était glorieuse de faire remonter sa constitution. Le chancelier de l'Académie était un cha-
noine de la métropole de Paris. Les aspirants à
la licence lui étaient présentés solennellement, et
ils en recevaient, à genoux, avec la bénédiction
apostolique, la licence d'enseigner et de pratiquer
la médecine *hic et orbi*, à Paris et par toute la terre.

C'était là une glorieuse prérogative, dont la Faculté de Paris se montrait très fière et très jalouse ; elle mettait à la défendre tout ce que l'esprit de corps a de plus étroit, c'est-à-dire un esprit d'exclusion, de chicane, d'entêtement et de routine. Le doyen s'obligeait par serment à poursuivre avec une implacable rigueur tous les attentats commis contre les privilèges ou la dignité du corps. Or ces attentats se renouvelaient tous les jours. De là d'interminables procès. Si jamais corporation fut chicanière et processive, c'est bien la Faculté de médecine de Paris, qui ne passait guère d'année sans avoir quelque affaire pendante au Parlement.

Ce jugement n'est pas de moi, je me hâte de le dire ; il est textuellement du docteur Raynaud, qu'on ne saurait soupçonner de partialité (1).

De toutes les Facultés étrangères, celle qui portait le plus d'ombrage à la Faculté de Paris était celle de Montpellier, son antique et sa plus formidable rivale, qui affichait hautement l'exorbitante prétention d'exercer la médecine dans la capitale. C'est que, comme celle de Paris, elle avait reçu des souverains pontifes le privilège de pratiquer et d'enseigner *urbi et orbi*, que,

_______________

(1) *Les Médecins du temps de Molière*, 1863, in-12.

comme elle, elle tenait des rois de France de nombreux et illustres privilèges.

Force avait donc été aux docteurs de Paris de tolérer les docteurs de Montpellier qui venaient s'établir au milieu d'eux. Mais cette promiscuité leur était d'autant plus odieuse que la rivalité entre les deux Facultés ne reposait pas seulement sur des questions de préséance et de privilège, qu'elle était aussi dans les doctrines.

Depuis près de deux siècles les médecins étaient divisés en deux camps : l'un composé de ceux qui, marchant sur les traces de Paracelse, se servaient surtout de remèdes chimiques, et qui, par suite, étaient désignés sous le nom de *médecins chimiques* ou *spagiriques ;* l'autre, de ceux qui s'attachaient à Galien et à Hippocrate, et qui se servaient principalement, dans les maladies, de la saignée et des remèdes tirés des végétaux.

Renaudot, comme la plupart des docteurs de la Faculté de Montpellier, était spargiriste et employait l'antimoine, que la Faculté de Paris avait en horreur. Dès avant lui, plus d'un docteur de Montpellier avait eu à souffrir de son intolérance à cet égard ; l'un d'eux, notamment, avait vu ses opinions condamnées par arrêt comme ne pouvant venir que d'un ignorant, d'un impudent, d'un ivrogne et d'un enragé (*nonnisi ab imperito, impudente, temulento et furioso*).

On comprend maintenant de quel œil les docteurs de Paris devaient regarder Renaudot, docteur de Montpellier exerçant sur leur terrain, chef du parti de l'antimoine, ami des apothicaires, et, pour comble, favori du pouvoir.

Ils avaient encore contre lui un autre grief ; ils lui reprochaient de compromettre par ses négoces la dignité du corps médical, dont la Faculté de Paris ne se montrait pas moins jalouse que de ses privilèges. Renaudot avait beau répondre que « ce n'était pas tant le sujet que la façon de le traiter et les personnes qui s'en mêlaient d'où les occupations s'appelaient basses ou relevées ; que d'ailleurs, une fois son projet réalisé, il n'avait plus à s'en occuper, se contentant d'en avoir été le premier mobile ; que ce serait le fait d'une injustice trop ouvertement passionnée que de trouver mauvais chez lui seul ce que l'usage approuvait chez tant d'autres qui faisaient exercer leurs greffes et offices par des commis ». Rien n'y faisait. Cette alliance, jusque-là inouïe, d'une foule de métiers accessoires, avec les fonctions de médecin, renversait, on le comprend, toutes les idées de ces puritains sur la dignité de la profession. Si l'on repoussait comme indignes ceux qui exerçaient la chirurgie, que devait-ce être d'un industriel tenant boutique ouverte de toute espèce de marchandises ? Cet homme « faisant un trafic et négociation à vendre des gazettes, à enregistrer des valets, des terres, des maisons, des gardes de malades, à exercer une friperie, à prêter argent sur gage, etc. », leur paraissait le plus méprisable des charlatans et le plus dangereux des novateurs. Aussi ne lui épargnaient-ils pas les injures les plus virulentes, avec les raffinements de grossièreté dont les savants d'alors possédaient le secret. Les noms de fripon, de polisson (*nebulo*, *blatero*), qui reviennent à chaque instant sous leur plume, sont les plus mitigés de leur vocabulaire.

Tout cela montre aussi à quels adversaires Renaudot eut affaire. Il reconnaît cependant lui-même qu'il n'avait pas eu trop à s'en plaindre avant l'établissement des Consultations charitables ; jusque-là « ils avaient toujours fait paisiblement la médecine avec lui ; ils n'avaient jamais fait difficulté, même le doyen, de consulter avec lui».

Mais « ils ne purent supporter l'éclat de la nouvelle charité » de Renaudot ; leur haine, longtemps contenue par la protection dont Richelieu couvrait le commissaire général des pauvres, perdit toute retenue.

Cette charité était, il faut le dire, grosse de menaces pour leur boutique. Les lettres patentes de 1640 ne s'étaient pas bornées à autoriser les consultations charitables ; elles avaient officiellement reconnu la médecine spagirique, et avaient donné à Renaudot une espèce de monopole de la chimie : si bien que sa maison était bientôt devenue un vaste laboratoire où les drogues proscrites par la Faculté étaient préparées en grand. Ajoutons que Renaudot avait ouvert, dans le local des consultations, des conférences particulières, dont les malades qui y affluaient offraient le sujet. La maison du Grand-Coq se trouva ainsi naturellement, non seulement le rendez-vous des savants adonnés à ce genre d'études, mais encore un lieu de réunion et d'étude, où les écoliers venaient furtivement, à l'insu de leurs maîtres, ajouter la pratique à la théorie.

C'était élever autel contre autel, et l'on conçoit que la Faculté ait éclaté devant une pareille audace. L'adversaire était redoutable ; il se présentait appuyé d'un côté sur un ministre tout-puissant, de l'autre sur la faveur populaire que lui avaient conciliée ses fondations philanthropiques. Entouré de jeunes médecins de Montpellier, mettant tous ses moyens de publicité au service de la médecine nouvelle, il menaçait de créer en face de la Faculté

de Paris un corps rival et puissant. Le péril était
imminent. Une lutte s'engagea bientôt, et elle se
poursuivit pendant des années avec un incroyable
acharnement, de la part de la Faculté, du moins,
car Renaudot resta toujours sur la défensive.

« Cette lutte, dit le Dr Chéreau, fut violente,
haineuse, sans trêve ni merci. La Faculté osa tout
pour abattre le colosse qui la narguait. Quoique
son doyen d'alors, Guillaume Du Val, mît à la
défendre tout son caractère haineux, tracassier,
joint à de grands talents, la Compagnie ne se crut
pas encore assez en sûreté sous le commandement
de son chef; elle créa dans son sein une commission de neuf membres, un *novemvirat*, ayant pour
mission de ne laisser aucun répit à Renaudot, et,
le 17 juillet 1641, elle décrétait que tout docteur
pourrait écrire contre l'ennemi commun. Et l'on
ne se fit pas faute, rue de la Bûcherie, d'user de la
permission. Durant quatre années ce fut une
avalanche de factums, de chansons, de pièces
rimées, qu'on dirait, pour la plupart, avoir été
écrites plutôt par des crocheteurs que par des médecins, et dont les auteurs furent, du reste, assez
pudiques pour se cacher sous le voile de l'a-
nonyme. »

Il faut dire aussi qu'un fonds de guerre avait été
spécialement créé, et que la Compagnie tout en-

tière supportait les frais de cette paperasserie,
comme le constatent les *Registres-Commentaires*
de la Faculté, où les exécuteurs de ses hautes
œuvres sont nommés en toutes lettres. Il en était
de même de toutes les dépenses faites pour là défense de ses privilèges ou de son honneur. Ainsi
on voit une somme de vingt livres payée pour le
louage de quatre carrosses qui avaient conduit
à Saint-Germain-en-Laye, où résidait alors la
Cour, une délégation chargée de porter les do-
léances de la Faculté au pied du trône, et de lui
recruter des protecteurs parmi les puissants.

Le grand exécuteur de la Faculté dans cette
lutte forcenée fut Guy Patin, si fameux par
son esprit caustique, et qui, selon l'expression
d'un contemporain, était satirique depuis la tête
jusqu'aux pieds. On avait alors, et Guy Patin
plus que tout autre, des préventions et des ani-
mosités de profession et de métier ; on était de sa
robe, l'un du Parlement, l'autre de la Sorbonne,
un autre de la Faculté de médecine ; on y mettait
toutes ses passions, toute son âme. En présence
de pareilles dispositions, les plus simples con-
quêtes du bon sens devaient coûter beaucoup à
obtenir ; ceux qui les soutenaient, et qui devaient
prendre sur eux-mêmes pour cela, avaient sans
cesse à combattre au dehors : il n'est donc pas

5*

étonnant que tant de colères et de passions se
soient dépensées dans la lutte. Guy Patin était
l'homme de ces colères ; il a des verves et des rages
de parole tout à fait rabelaisiennes, mais sans
rire ; il mord à belles dents et emporte la pièce.

Il faut lire sa correspondance pour comprendre
jusqu'à quel point une querelle de boutique peut
aveugler un homme d'esprit ; on trouverait diffi-
cilement un autre exemple d'une pareille animo-
sité. Il ne peut parler de Renaudot, il n'y peut
songer, sans une sorte d'horripilation, et la langue française ne lui fournit pas de mots assez forts
pour exprimer sa haine contre ce Théophraste ou
plutôt *Cacophraste* Renaudot, ce nez pourri de
gazetier, ce *nebulo hebdomadarius, omnium bipe-
dum nequissimus et mendacissimus et maledicen-
tissimus, qui indiget heleboro, aut acriori medi-
cina, flamma et ferro.*

Les Lettres patentes autorisant les Consultations charitables étaient du 2 septembre 1640.

Le 22 octobre, la Faculté fait signifier à Renaudot un arrêt du Parlement de 1598, « donné
au temps des vacations », et défendant à tous empiriques et autres non approuvés de la Faculté
d'exercer la médecine à Paris.

Dès le lendemain Renaudot riposte par un exploit où il proteste contre l'injure que lui font ses adversaires de le mettre au rang des empiriques, et, pour les empêcher de récidiver, il leur donne en même temps copie de ses provisions, lettres et titres de Docteur en médecine depuis 36 ans, de Médecin ordinaire du roi depuis 29, de Commissaire général des pauvres depuis 23, de Maître et intendant général des Bureaux d'adresse depuis 14, ainsi que celle des Lettres patentes autorisant ses Consultations charitables pour les malades, et lui donnant pouvoir de tenir fourneaux afin de leur préparer des remèdes.

Le surlendemain 25, la Faculté assigne Renaudot par-devant le Prévôt de Paris, ou son lieutenant civil, pour faire réformer lesdites Lettres, et, dans un Mémoire à l'appui, elle demande l'interdiction des Consultations charitables, « qui ne sont qu'un leurre pour attirer les malavisés, un mensonge pour couvrir et cacher aux yeux de la populace son avarice et le désir effréné qui le tient toujours de s'enrichir bientôt, lequel on croit lui avoir été secrètement inspiré en l'âme par le *mauvais génie de Loudun*, sa chère patrie, où ce lutin a causé tant d'extravagantes opinions et pernicieuses impressions en la plupart des esprits. »

Renaudot défère cette entreprise au Consei ldu

roi, qui évoque l'affaire et fait défense à tous autres d'en connaître.

Le Châtelet n'en rend pas moins, par défaut, une sentence qui « défend à Renaudot, et à ses adhérents et adjoints non médecins de la Faculté de Paris, d'exercer ci-après la médecine, ni faire aucune conférence, ni consultation, ni assemblée dans les Bureaux d'adresse ou autres lieux de cette ville et fauxbourgs de Paris, ni de traiter et panser aucuns malades, sous quelque prétexte que ce soit, à peine, contre les contrevenants, de 3oo livres d'amende, au paiement de laquelle ils seront contraints ; et, en cas d'assemblée, permis aux intéressés de faire transporter le premier commissaire du Châtelet en la maison où elle se fera, pour contraindre les contrevenants au paiement de ladite amende. »

On ne sait vraiment ce qu'on doit admirer le plus, de l'audace perfide de la demande, ou de l'inique partialité du juge. Il faut dire aussi, sans parler d'autres considérations, que le Prévôt de Paris avait dans ses attributions la conservation des privilèges de l'Université.

A peine ce jugement rendu, la Faculté, qui en comprenait la caducité, se hâta de l'afficher partout et de le faire publier au prône de toutes les paroisses ; mais elle n'osa pas, cette fois, aller plus loin, et « le procès demeura près de trois ans indécis, et sans être contesté, au Conseil privé du roi, auquel il avait été retenu, contre tout ordre et forme, par les seules menées, intrigues et sollicitations importunes de Renaudot, que la misère et la mauvaise condition des temps semblaient favoriser, et qui, pour l'exercice de ses *sinistres desseins*, a pu, par des artifices peu sincères, s'appuyer d'une « Puissance à laquelle il était assez difficile « et dangereux de ne pas se soumettre entière- « ment. »

On voit combien cette haute protection était nécessaire à ce pauvre Théophaste contre de pareils ennemis, qui lui auraient fait de grand cœur partager le sort de son infortuné compatriote, Urbain Grandier.

Guy Patin écrivait, vers la même époque : « Si ce gazetier n'était soutenu de l'Eminence en tant que *nebulo hebdomadarius*, nous lui ferions un procès criminel, au bout duquel il y aurait un tombereau, un bourreau, et tout au moins une amende honorable ; mais il faut obéir au temps. Par provision, M. Moreau fait une réponse à son factum, qui est une pure satire ; je pense que le gazetier y sera horriblement traité, et comme il le mérite, en attendant que le bourreau vienne à

son rang tomber sur le maraud. Ce n'est pas que
son livre mérite réponse ; mais, comme il est méchant et impudent, il se vanterait qu'on n'aurait
pu lui répondre ; c'est pourquoi *stulto juxta stultitiam suam respondebitur.* »

Méchant, ce brave Renaudot ! Impudent, ah
oui ! parce qu'il refuse de s'aplatir devant la
routine ?

Le factum auquel Patin fait allusion est un
mémoire adressé par Renaudot au Conseil du roi,
en lui déférant l'assignation que lui avait envoyée
la Faculté, mémoire bien anodin, surtout quand
on le compare à la réponse qu'y fit Moreau, et
qui suivit de près la menace de Patin.

Elle est intitulée : *La Défense de la Faculté de
médecine de Paris contre son calomniateur*, et
porte cette épigraphe, dont on remarquera la si-
militude avec la dernière ligne que nous venons
de citer de Guy Patin : *Responde stulto juxta
stultitiam suam, ne sibi sapiens esse videatur
(Proverb.* 26). Elle est signée des doyen et docteurs régents (1). Mais le plus fort, c'est qu'elle est

----

(1) Patin vient de nous dire qu'elle est de René Moreau ;
nous en trouvons une autre preuve dans les *Registres-
Commentaires* (t. XIII, fol. 152 v°), où le doyen écrit ceci
au chapitre des dépenses de son décanat :

*M° Renato Moreau, doctori medico et professori regio,*

dédiée à Monseigneur l'Eminentissime cardinal duc de Richelieu. C'était, en effet, un véritable coup d'audace que d'adresser à cette redoutable « Puissance » une pareille diatribe contre un homme qu'elle couvrait si hautement de sa protection, dont elle avait sanctionné tous les actes, notamment ceux contre lesquels protestait la Faculté.

Nous citerons de cette philippique un seul passage, l'arrêt de déchéance, je dirais presque l'excommunication, lancée contre Renaudot.

« Si cet homme a eu la grande liberté de faire la médecine avec nous devant ses Consultations charitables, il a été très mal conseillé de les commencer, vu qu'en ce faisant, il est déchu de ce beau privilége, qu'il ne saurait plus recouvrer. »

Cela pour trois raisons. La première, c'est qu'il n'est pas de la Faculté de Paris. La deuxième, c'est qu'il fait toute sorte de trafics indignes de la

pro libello apologetico eleganter ét erudite a se edito, et typis mandato gallice, pro Facultate medicinæ Parisiensi, adversus calumniatorem Theophrastum Renaudotum, Gaʒetæ magistrum ; cujus libelli gallice scripti titulus est : La Défense de la Faculté de médecine de Paris contre son calomniateur, dédiée à Monseigneur l'Éminentissime cardinal, duc de Richelieu. A Paris, MDCXLI... Pro libello inquam apologetico, distribui prædicto Renato Moreau, authori... 75 l.

dignité et de l'emploi d'un médecin. La troisième, celle sur laquelle on insiste le plus, c'est son ignorance en médecine.

« Ce n'est pas qu'il n'eût de la suffisance lorsqu'il fut fait docteur de Montpellier : nous ne voudrions pas, en le niant, faire tort et à lui et à sa Faculté ; mais c'est pour avoir discontinué l'étude de la médecine, qui est longue, dit Hippocrate, et qui désire son homme entier, car l'on peut dire avec vérité que, depuis trente six ans qu'il dit être docteur, il a fait toute autre étude que celle de la médecine. A Loudun, « d'où ce démon « est venu nous obséder », son emploi était d'enseigner des enfants, qu'il tenait en pension, et qu'il promettait de rendre savants dans deux ou trois ans. Etant venu à Paris vers l'an 1620, il poursuivit avec toute sorte de diligence sa Commission des pauvres et l'établissement de son Bureau d'adresse, suivant presque toujours le Conseil, qui, pour les affaires urgentes de Sa Majesté, fut transporté en diverses provinces de ce royaume.

« S'il a fallu obtenir, comme il le dit, dix-sept lettres patentes et arrêts du Conseil et des Requêtes de l'hôtel du Roi pour faire lever les oppositions de quatre cents libraires ; s'il a fallu avoir l'approbation de la ville de Paris, du Châtelet, du

Bailliage du Palais, des gouverneurs de l'Hôtel-Dieu, quel temps peut-il avoir donné à l'étude et à l'exercice de la médecine ? Depuis l'établissement de son Bureau d'adresse, il y a dix ans passés, a-t-il pu trouver et donner une heure à la lecture des bons livres, ayant, toutes les semaines, à rechercher, recevoir, dresser, composer, faire imprimer, corriger, distribuer, vendre, envoyer pour toute la France à ses intelligences des Gazettes et Extraordinaires, qu'il donne quelquefois jusqu'à trois et quatre par semaine ; — assistant, en outre, à ses Conférences, les dressant, composant, imprimant, distribuant ; — davantage, recevant des hardes de toute sorte pour gages, les inventoriant, les vendant à l'enchère et au plus offrant ; — donnant avis des adresses, écoutant ceux qui veulent acheter, vendre, trafiquer, échanger, permuter, maisons, seigneuries, offices, bénéfices, en faire des descriptions, des mémoires, des inventaires ; — revoyant ses comptes, recevant argent de ses commis ; visitant ses inventaires, ses imprimeries ; faisant extraire, décharger les registres, —et mille autres choses, qui n'emploient pas seulement son corps et son esprit, mais tout son temps, ne lui laissant pas même quelques moments entiers pour les nécessités de la vie ?

« Et on croira, après cela, que cet homme peut

vaquer à l'emploi et à l'exercice de la médecine, voir un malade assidument et sérieusement, examiner avec tranquillité d'esprit philosophique tous les accidents, moments et mouvements d'un malade, faire des expériences, comme il dit, vaquer à ses fourneaux, pour la préparation des remèdes chimiques, et, après tout, faire des consultations charitables *bien amples* pour les pauvres malades ? Il faut lui dire, avec Martial :

> *Nil bene cum facias, facis attamen omnia benè.*
> *Vis dicam quid sis ? Magnus es ardelio. »*

Le porte-voix de la Faculté s'était évidemment flatté d'écraser son ennemi sous cette mirifique amplification ; à mon sens, le côté hyperbolique à part, il était impossible de faire un plus bel éloge de la merveilleuse activité de Renaudot, qui était vraiment bien autorisé à répondre comme il le fit : « Vous n'en sauriez faire autant. Votre esprit est de ces petites cruches qui ne sont pas capables de tenir plus d'un verre de liqueur. »

De la réplique que fit Théophraste à ce « libelle contre les Consultations charitables », et dont il aurait pu se dispenser, ayant déjà répondu plus d'une fois à tout cela, je ne retiendrai que sa réponse à cette insinuation malveillante — mais seulement dans l'intention : que « l'emploi de ce démon à Loudun était d'enseigner des enfants, qu'il tenait en pension, et qu'il promettait de rendre savants en deux ou trois ans », ce qui n'aurait eu rien que de fort honorable, d'ailleurs, si cela ne tombait devant le moindre bon sens :

« Vrai est, dit-il, qu'ayant été dès mon enfance porté à la recherche des inventions utiles au public, et m'étant rencontré du même sentiment duquel a depuis été le R. P. Condrau, général des prêtres de l'Oratoire, et plusieurs autres, qu'il y avait quelque méthode plus briève que la commune pour l'instruction des enfants, j'en donnai les règles à un mien frère, qui les pratiqua, en compagnie de quelques autres, avec un tel effet, que le profit qu'il en remporta en fort peu de temps surpassa toute créance, dont se trouvent encore les actes publics, que je puis faire voir aux curieux ; ce qui donna sujet à quelques-uns de mes amis de me prier que leurs enfants étudiassent sous mêmes régents que les miens, quand ils furent en âge d'apprendre, et le firent sous les meilleurs maîtres que je pus choisir. Tout ce que dit notre imposteur outre cela est extrait de mauvais mémoires, et qui se trouvent faux en leurs dates et en toutes leurs autres circonstances...

Jamais les enfants du sieur Galet n'étudièrent avec les miens à Loudun, comme il dit. Je ne vins point à Paris avec eux, etc. »

En adressant sa défense à Richelieu, la Faculté avait en quelque sorte provoqué son arbitrage. Il fit donc venir le doyen et Renaudot. « Son Eminence, dit celui-ci, fit l'honneur au doyen et à moi de nous dire qu'elle désirait notre accommodement, qui n'est pas purement et simplement protéger ceux de l'École de Paris en l'action intentée contre la charité envers les pauvres malades ; ce qu'on ne doit aussi jamais entendre d'une si grande piété qu'est la sienne. Et n'était que je ne veux pas engager, comme ils font trop légèrement, les oracles de sa bouche sacrée, je pourrais ici rapporter le blâme qu'elle donna à leur procédé. »

Quoi qu'on ne puisse savoir au juste ce qui se passa dans cette entrevue, dont les docteurs de Paris n'ont soufflé mot, il est bien évident que le cardinal ne pouvait approuver leurs prétentions ; sa conclusion paraîtrait avoir été celle-ci : « Faites mieux que M. Renaudot ! »

Bientôt, en effet, on put lire sur les murs de Paris l'affiche suivante :

« *Les Doyen et Docteurs de la Faculté de méde-*

*cine font savoir à tous malades et affligés de
quelque maladie que ce soit qu'ils se pourront
trouver à leur collége, rue de la Bûcherie, tous
les samedis de chaque semaine, pour être visités
charitablement par les médecins députés à ce faire,
lesquels se trouveront audit collége, et ce depuis
les dix heures du matin jusques à midi, pour leur
donner avis et conseil sur leurs maladies, et ordonner remèdes convenables pour leur soulagement. »*

Une autre annonce plus complète de bien-
faisance, commençant par ces mots : *Jesus,
Maria*, fut promulguée et lue dans les prônes le
jour de Pâques 1641, en des termes tout confor-
mes à la dévotion chrétienne. Il y était dit que
cette espèce de consultation et de clinique gratuite
devait se tenir tous les samedis, à l'issue de la
messe qui se célébrait chaque semaine en la cha-
pelle de la Faculté, et après laquelle on réciterait
désormais les litanies de la Vierge, et l'on invo-
querait particulièrement les saints et saintes qui,
de leur vivant, par profession ou par charité,
avaient exercé et pratiqué la médecine. On devait
cette fois non seulement donner des avis, mais
fournir des médicaments et remèdes gratis, selon
les *petits moyens* de la Faculté.

Renaudot prétendit que c'était là une imitation
et une émulation de l'Ecole de Paris, qui s'était

piquée d'honneur sur son exemple et qui profitait
de son idée charitable ; il remarquait maligne-
ment que les quatre docteurs spécialement pré-
posés pour ce service gratuit du samedi recevaient
chacun *trente sous* des deniers de la Faculté. La
Faculté, au contraire, protestait contre toute idée
d'imitation, et soutenait que, dans cet essai de
bonne œuvre publique, elle n'avait eu à s'inspirer
que d'elle-même et de son amour du bien.

Toutes ces discussions, où le mot de *charité*
revenait sans cesse, ne se passaient point sans
grand renfort d'invectives des deux parts. Renaudot, cependant, seul contre cette meute, se
tenait forcément sur la défensive, et restait quand
même, relativement du moins, très modéré dans
ses ripostes. Les pamphlétaires de la Faculté, au
contraire, irrités de l'insuccès de leur démarche
auprès du cardinal, redoublaient chaque jour de
violence et accablaient ce malheureux Théophraste
des injures les plus infamantes.

Renaudot n'était pas facile à émouvoir. Un jour
cependant il perdit patience. Exaspéré par les
outrages que Guy Patin lui avait prodigués dans
une préface latine mise par lui aux œuvres de
Sennert, et aussi, peut-être, enhardi par les préfé-
rences marquées du cardinal dans la circonstance

ci-dessus, il eut le courage d'attaquer à son tour, et adressa aux Requêtes de l'Hôtel une plainte contre son insulteur ; mais il en fut débouté. Patin plaida lui-même sa cause, en présence, dit-il, de quatre mille personnes, et il fit si bien rire la galerie et les juges qu'il les désarma. Il triomphe de cette victoire avec toute sa verve et son orgueil :

« Pour le Gazetier, jamais son nez ne fut accommodé comme je l'ai accommodé le 14 d'août de l'an passé aux Requêtes de l'Hôtel, en présence de quatre mille personnes. Ce qui m'en fâche, c'est que *habet frontem meretricis, nescit erubescere*. On n'a jamais vu une application si heureuse que celle de saint Jérôme, *epistola* 100, *ad Bonasium*, contre le *nebulo* et *blatero* : car voilà les deux mots dont il me fit procès, qui est néanmoins une qualité qu'il s'est acquise par arrêt solennellement donné en l'audience. Je n'avais rien écrit de mon plaidoyer, et parlai sur-le-champ, par cœur, près de sept quarts d'heure. » (Lettre du 12 août 1643.)

Quatre ans après, il revient avec complaisance sur cette victoire, et en parle comme s'il était encore au lendemain : « Mon plaidoyer contre le Gazetier n'est pas écrit ; depuis cinq ans passés, je n'en ai eu aucun loisir. Je le fis sur-le-champ, sans l'avoir médité, et sans en avoir jamais écrit

une ligne. Deux avocats qui venaient de plaider
contre moi, l'un au nom du Gazetier, et l'autre
au nom de La Brosse, me mirent en humeur de
faire mieux qu'eux et de dire de meilleures choses. L'un ni l'autre ne purent prouver que *nebulo*
et *blatero* fussent termes injurieux. Ils me donnè-
rent si beau champ que leurs faibles raisons ser-
virent à me justifier aussi bien que toute l'éloquence du monde, et mon innocence me fit
obtenir si favorable audience, que j'eus tout
l'auditoire et tous les juges pour moi, *et cen-
sorem, et curiam, et quirites.* » (22 août 1647.)

Dans ce plaidoyer dont il se montre si fier, plaidoyer plus comique que sérieux, plus macaronique
que français, et « qui appartenait mieux à un hôtel
de Bourgogne qu'à un barreau », Guy Patin, tout
en réitérant ses sarcasmes et ses moqueries, en
tournant et retournant son adversaire et en faisant rire la galerie, déclara pourtant, à ce qu'as-
sure Renaudot, qu'il avait entendu parler d'un
autre que lui. Ce qui ne l'empêcha pas de le
poursuivre de ses quolibets jusqu'en dehors du
Palais. Abordant le malheureux gazetier à l'issue
de l'audience : « Consolez-vous, monsieur Renaudot, lui dit l'implacable railleur, vous avez gagné
en perdant. — Comment cela ? — Vous étiez
entré camus, et vous sortez avec un pied de nez. »

Quelques mois après cette insigne victoire, la mort de Richelieu mettait le comble à la joie de Guy Patin ; il semble placer ces deux événements sur la même ligne : « L'année 1642, écrit-il, m'a été avantageuse par deux rencontres : la condamnation du gazetier Renaudot, et le trépas du cardinal, que je haïssais pourtant de mal qu'il a fait. » Et, par surcroît, le dernier protecteur sur lequel Renaudot pût quelque peu compter, Louis XIII suivait de près son ministre dans la tombe.

·La Faculté put alors donner un libre cours à ses rancunes. Elle s'efforça d'abord de perdre Renaudot dans l'esprit de la régente, aux ennemis de laquelle on l'accusait d'avoir, en toute occasion, ouvert sa gazette ; on insistait notamment sur un article du numéro du 4 juin 1633, où la reine pouvait se trouver personnellement offensée.

Renaudot, qui ne pouvait ignorer ces menées, para le coup d'une manière fort adroite, en adressant à la reine une *Requête en faveur des pauvres du royaume*. On remarquera l'habileté de cet intitulé ; il ne laisse pas pressentir le véritable objet de la requête ; ce n'est qu'incidemment que le suppliant paraîtra amené à parler des accusations dirigées contre lui ; ce qui le conduit au pied du trône, ce n'est pas son intérêt personnel, c'est celui de ses pauvres malades.

Il expose qu'il exerce depuis vingt-cinq ans la charge de commissaire général des pauvres malades, auxquels il procure gratuitement le conseil de quinze ou vingt médecins et les remèdes à leurs maladies; qu'il en a guéri et médicamenté à ses frais plus de vingt mille; qu'il avait dû demander au défunt roi un emplacement pour y bâtir à ses frais un hôtel dans lequel la foule toujours grossissante des malades qui se présentaient à ses consultations fût plus au large et commodément reçue; que, sa demande ayant été renvoyée aux trésoriers généraux de France, ils en avaient pris l'avis des maîtres des œuvres publiques, et tant les uns que les autres, après plusieurs descentes sur les lieux et avoir vu les voisins, avaient certifié les commodités que le public en recevrait; sur tous lesquels avis et sur les plans et devis des lieux, le roi défunt lui avait fait expédier ses Lettres patentes en bonne forme, avec adresse au Parlement pour y être vérifiées et enregistrées, mais que cette largesse avait été traversée par des oppositions; que, cependant, les malades encombraient de plus en plus les abords de son logis, au point de le rendre de difficile accès à toutes autres personnes; sans parler des artisans et marchands qui occupaient tous les jours, avec leurs marchandises et manufactures, les avenues et entrées du Bureau d'adresse, pour ce qu'ils y en trouvaient le débit par l'affluence du peuple qui se portait à cette nouveauté, et qui menaçait d'obstruer ledit bureau et de le priver de ses autres usages.

Il demande donc à la reine la permission de lui indiquer d'autres emplacements. En attendant, il essaiera de soutenir les grands frais que chacun peut s'imaginer, en considérant ce que c'est que fournir gratuitement, à Paris, les remèdes à tous venants. Il espère d'autant plus que, grâce à l'intercession de la duchesse de Chevreuse, il a plu à Sa Majesté de se rendre protectrice de ces charitables consultations pour les pauvres malades.

Passant ensuite, par une habile transition, de la santé de ses malades à la défense du gazetier : « On ne peut faire de bien en France qui ne soit approuvé d'une si bonne princesse, trop équitable pour s'arrêter aux mauvaises impressions que les esprits malfaisants lui veulent donner, tâchant de rappeler en sa mémoire ce qui s'est passé il y a plus de dix ans dans les affaires d'État, dont sa plume n'était que greffière. Voulait-on que, pendant que tout obéissait dans le royaume, Renaudot s'opposât seul aux commandements précis qu'il recevait de la part de l'intelligence motrice de l'État dans l'exercice de sa charge ?

« Chacun sait que le roi défunt ne lisait pas seulement mes gazettes, et n'y souffrait pas le moindre défaut, mais qu'il m'envoyait presque ordinairement des mémoires pour y employer.

« Était-ce à moi à examiner les actes du gouvernement ? Cet article de la *Gazette* du 4 juin 1633, qui est le seul dont on a fait du bruit, et pour lequel on tâche, mais en vain, vu l'équité, bonté et justice de Votre Majesté, de m'aliéner l'honneur de ses bonnes volontés, ne saurait donner aucune prise contre moi. L'innocence ne se cache point : il me fut envoyé le matin de ce jour-là par le défunt cardinal duc, de la part du roi, qui avouait toutes ses actions, plus de la moitié desdites gazettes étant déjà imprimées; ce qui fut cause qu'il ne se lut qu'en ce qui restait à tirer....

« Ce que le Conseil du roi défunt me dictait, ce que Sa Majesté approuvait et où elle ne trouvait rien à redire, me doit-il être reproché, après une suite de tant d'années ? Peut-on me mettre à sus des mémoires dont je ne suis pas plus responsable que le curé qui les lirait à son prône, que l'huissier ou le trompette qui les publierait ?

« Que n'ai-je assez de champ pour opposer à ces mauvais offices qu'on me rend à tort auprès

de Votre Majesté tous les éloges que je lui ai donnés en un temps durant lequel il m'a fallu passer
par tant de mauvais pas, et lorsque la plupart des
autres écrivains se taisaient de V. M., éloges si
fréquents qu'on en pourrait faire un juste volume!... Et depuis l'heureux avènement de Votre
Majesté à la régence, n'ai-je point cherché toutes
les occasions de faire sentir à ses peuples l'heur
et le contentement qu'ils ont et qu'ils doivent attendre d'une telle administration, et de lui rapporter tous nos avantages! »

Cette humble requête n'avait assurément rien
de blessant pour les adversaires de Renaudot, rien
qui pût les offenser, si ce n'est peut-être sa sincé-
rité; cependant ils s'émurent de cet « ouvrage de
quatre feuillets — ils reviennent à plusieurs reprises sur cette exiguïté — que Renaudot faisait
vendre comme un chef-d'œuvre de son esprit », et
ils y répondirent par un factum de quarante pages,
intitulé : *Examen de la Requête présentée à la
Reine par le Gaʒetier.*

L'auteur de ce libelle, bourré de latin et de
toutes les injures imaginables, n'est pas nommé;
mais on reconnaît dès les premières lignes la
plume acrimonieuse de l'implacable ennemi de
Renaudot; c'est de la rage.

5***

« Le maître des Gazettes — il ne faut pas salir le papier de son nom, qui sera odieux et exécrable à la postérité — a débité, ces jours passés, une Requête non moins insolente que téméraire, qu'il a présentée à la Reine. Au lieu de venir en suppliant et en coupable, le ventre à terre et la corde au cou, demander pardon à Sa Majesté, que sa plume médisante a déchirée, avec toute sa famille, dix ou onze ans durant, en toutes les occasions qu'il a pu trouver, il vient, plein de confidence et d'audace, lui demander récompense des injures et des mensonges qu'il a forgés et publiés contre Sa Majesté, *pour le service*, comme il dit, du roi et de l'État. »

Renaudot est attaqué, dans ce pamphlet comme médecin, comme maître des Bureaux d'adresse et commissaire des pauvres, et comme gazetier ; mais ce qui paraît tenir le plus au cœur du satirique docteur, ce sont les Consultations charitables, et pour les démolir il recourt à un argument non encore employé, la religion.

Il reconnaît d'abord que le défunt roi avait donné à Renaudot le rempart de la ville qui était entre la porte Saint-Antoine et les religieuses du Calvaire ; mais la charité n'avait été qu'un masque pour cet usurier. « Son dessein était de faire en la place du rempart une rue et des bâtiments

pour y loger des particuliers, sous prétexte d'y
bâtir un hôtel pour ses Consultations, accompagné
d'un jardin médical pour la nécessité des malades.
Ce don était de plus de deux cent mille écus, que
le premier ministre d'État lui avait fait donner
contre toutes les maximes politiques et contre les
droits de la ville de Paris. C'est pourquoi Messieurs de la ville s'opposèrent à la vérification des
Lettres qu'il avait obtenues... Il se plaint doucement à la reine que M. le duc d'Uzès lui a ravi le
don que le défunt roi lui avait fait; mais il tait
discrètement à Sa Majesté le présent que ledit seigneur, pour le dédommager, lui a donné, de deux
cents toises de place, lesquelles, au prix de vingt
écus la toise que l'on en veut traiter, à ce qu'on
dit, valent quatre mille écus. » Que vient-il donc
encore demander à la Reine, et à quoi bon ?

« L'Hôtel-Dieu est pourvu de tout ce qui est
nécessaire pour les malades, et mêmement de bons
et suffisants médecins, tirés de la faculté-de Paris,
hommes sans reproches, nourris et élevés en la
religion catholique, et non en la prétendue réformée, tels que sont pour la plupart ceux qui
sont appelés aux consultations du Gazetier, étant
chose assurée, au rapport de gens d'honneur, que
ce consultant réformé retire en son Bureau d'a-
dresse tous ceux que la Faculté refuse, soit pour

*l'hérésie*, soit pour *l'ignorance,* soit pour les *mauvaises mœurs.....* Tandis que les docteurs de Paris travaillent à la destruction du huguenotisme par le refus qu'ils font de recevoir parmi eux ceux qui en font profession, le Gazetier, qui est un charitable converti, qui a renoncé à Charenton, et qui fait dire des messes pour la pauvre âme de sa femme, qui est morte huguenotte, travaille à sa protection, et reçoit à ses consultations tous ceux qui sont hérétiques, et qui veulent se venger de l'affront qu'ils peuvent avoir reçu étant refusés par la Faculté, peuplant ainsi Paris de médecins libertins, vagabonds, hérétiques et huguenots....

« Et c'est pour ce ramassis de médecins hétérogènes et hétéroclites du bureau des Gazettes, c'est pour ces *mignons d'Esculape* que l'on veut bâtir un hôtel charitable ! C'est pour eux qu'on veut faire une nouvelle école et une nouvelle académie, au préjudice des médecins de Paris et à la barbe de l'université la plus glorieuse de l'Europe, dans laquelle on veut planter une cinquième faculté ! »

Renaudot, piqué sans doute du reproche d'avoir manqué de souffle dans sa Requête à la Reine, et ne voulant pas demeurer en reste, répondit aux 40 pages de Patin par un factum de 75 pages, qu'il inti-

tula : *Réponse à l'Examen de la Requête.... portée
à son auteur par Machurat, compagnon imprimeur.* Je n'en extrairai que deux courts passages,
l'un répondant à l'accusation portée contre la
foi de Renaudot, l'autre intéressant l'histoire de
la *Gazette*, contre laquelle Patin s'était servi des
arguments les plus inattendus. C'est le prétendu
Machurat qui parle :

« La dent de ce médisant se porte jusqu'à telle
impiété que d'être injurieux aux morts. Il trouve
à redire, à deux endroits de son libelle, que la femme
du sieur Renaudot, qui avait été élevée en la religion prétendue réformée, ayant attendu jusqu'à
l'extrémité à se convertir à la foi catholique,
et lui ayant donné de grands témoignages qu'elle
mourait en la croyance de l'Eglise, il a fait dire
des messes pour le salut de son âme. Il ne lui
manque sinon d'ajouter le vrai sujet qu'il prend
de s'en offenser : c'est qu'il n'a pas de créance en ce
saint mystère, et qu'il ignore sa puissance. De
quoi sert d'un grand indice la fraude que fit sa
femme par son ordre, il y a quelque temps, au
curé de sa paroisse, y rendant le pain bénit : car,
au lieu d'un écu d'or que la coutume oblige lors
un chacun de donner à l'offrande, elle n'y présenta qu'un sou à la clef, enfermé dans du papier. Son mari, pour montrer que cette action

était concertée entre eux, ajoutant cette risée à
ceux qui blâmèrent une telle action, que l'Église
ne se pouvait offenser si sa femme lui avait
présenté les armes de saint Pierre. Admirez cependant jusqu'où s'étend la malice d'un scélérat
et d'un impie, de trouver à redire qu'un homme
fasse dire un annuel pour l'âme de sa femme. »

Quant à la *Gazette*, se déclarant ennemi juré
de la réputation des armes du Roi, il a eu assez
d'impudence pour avoir fait imprimer et publier
que *toujours les Gazettes multiplient nos victoires,
taisent ou dissimulent nos pertes, mettent nos
armes en réputation parmi les étrangers, grossis-
sent nos armées de troupes imaginaires, exté-
nuent les forces de nos ennemis, rendent nos royau-
mes florissants en toutes sortes de biens, et ceux
de nos ennemis pauvres et nécessiteux, mettent
la tranquillité chez nous et la discorde avec le
désordre chez eux :* termes qu'il a copiés mot à
mot d'un poëme latin imprimé à Anvers il y a
huit ans, intitulé *Gazeta parisiensis*, auquel ledit
sieur Renaudot répartit en même temps par un
autre poëme, qui a pour titre *Gazeta antuerpien-
sis*, auquel je renvoie ceux qui seront curieux de
voir s'il se sait bien démêler en toutes façons de
ceux qui l'entreprennent.

Il blâme l'auteur de ces Gazettes de ce que ses narrations *tiennent tantôt le parti des huguenots contre les catholiques et tantôt celui des catholiques contre les huguenots*; au lieu que, sans parler de l'intérêt que nous avons de conserver nos alliés, plusieurs desquels ne sont pas catholiques, une cervelle mieux timbrée que la sienne aurait conclu de là que celui qu'il blâme observe la principale condition d'un bon historien, qui est d'être sans passion.....

« Les fourbes gazétiques, dit-il encore, n'ont point acquis de nouvelles terres au roi, elles ne l'ont point fait empereur; elles n'ont su, jusqu'à présent, persuader aux Electeurs de quitter le parti de la maison d'Autriche; elles n'ont point empêché les rébellions du Poitou et de la Saintonge, ni les mouvements de la Normandie (où vous remarquerez comme la manie de cet ennemi de la France se plaît, en mentant, à publier nos maux, même intestins); elles n'ont point augmenté ni les finances, ni le revenu du roi; elles n'ont point disposé les princes souverains à une paix universelle. Je ne pense point, dit-il, que des services de cette nature puissent avancer beaucoup les affaires du roi et de l'Etat. Se peut-il voir une conséquence plus inepte?... Quelle effronterie ! s'écrie-t-il encore, de s'imaginer que ses Gazettes servent à l'État, et que les mensonges qu'elles étalent perpétuellement le maintiennent et le conservent ! » Tant cet honnête homme a de dépit de quoi il y a eu si longtemps des Gazettes en France, dépit qui lui continuera encore long-temps, vu que, pour user des termes du sieur Renaudot,

> Æquum est
> Hac etiam sola nostris ratione placere,
> Quod tantam moveant hostili in pectore bilem.

Citons encore ce passage, qui prouve surabon-damment la collaboration de Louis XIII à la *Gazette* :

« Il est encore des plus impudents de vouloir soutenir que le Roi défunt n'envoyait pas de mé-moires audit sieur Renaudot pour mettre dans sa *Gazette*, « pour ce, dit-il, qu'en l'absence du roi et de son Conseil, qui a été quelquefois de huit ou neuf mois, jamais le cours des *gazettes n'a été interrompu.* » Pauvre fou ! ajoutes-y encore : ni ne le sera, nonobstant toutes tes saillies, qui servent à les affermir, d'autant plus que l'on juge par là de leur bonté, par l'aversion qu'y ont tous les méchants, auxquels la passion ôte les sens, comme à toi, qui ne te souviens pas qu'il y a des courriers par lesquels le roi peut faire savoir ses volontés d'un bout de son royaume à l'autre, comme le roi défunt a fait plus de deux cents fois audit sieur Renaudot, qui lui faisait tenir aussi réglément toutes ses impressions, la lecture desquelles récréait tellement Sa Majesté, que ceux qui avaient l'honneur de la servir peuvent témoigner qu'elle avait de l'impatience lorsque le retardement des courriers lui différait ce contentement. »

Ce n'est pas, du reste, la seule fois que Renaudot a, dans cette dispute, l'occasion de défendre sa *Gazette* :

« Mon introduction des Gazettes en France, dit-il ailleurs, contre lesquelles l'ignorance et l'orgueil, vos qualités inséparables, vous font user de plus de mépris, est une des inventions de laquelle j'aurais plus de sujet de me glorifier, si j'étais capable de quelque vanité outre ce qu'il en faut pour une juste défense; et ma modestie est désormais plus empêchée de récuser l'applaudissement presque universel de ceux qui s'étonnent que mon style ait pu suffire à tant écrire à tout le monde déjà par l'espace de dix ans, le plus souvent du soir au matin, et des matières si différentes et si épineuses comme est l'histoire de ce qui se passe au même temps que je l'écris. »

Th. Renaudot.                                        6

La *Faculté* devait perdre une campagne menée avec tant de violence et une si évidente mauvaise foi; elle la perdit en effet, et Mazarin continua à Renaudot la faveur dont Richelieu l'avait honoré. Malheureusement pour ce brave Théophraste, le nouveau ministre n'avait pas hérité de l'autorité de son prédécesseur.

Battus de ce côté, les docteurs de Paris se retournèrent vers les tribunaux. Ils pressèrent le Conseil de se prononcer sur l'appel porté devant lui par Renaudot, il y avait environ trois ans, et ils en obtinrent, au mois d'août 1643, un arrêt qui renvoyait les parties devant le prévôt de Paris, « leur juge naturel ».

Le 9 décembre suivant, une nouvelle sentence du Châtelet défend derechef à Renaudot et à ses adhérents d'exercer la médecine, ni faire aucune conférence, consultation ni assemblée dans le Bureau d'adresse ou autres lieux de la ville et faubourgs de Paris, ni de traiter ou panser aucuns malades, sous quelque prétexte que ce soit.

Appel au Parlement par Renaudot, qui demande à être maintenu, lui et ses assistants, en la jouissance de faire des consultations charitables, en exécution de l'arrêt du Conseil d'Etat du roi du 19 décembre 1642, et des Lettres patentes à lui délivrées le 7 décembre de la même année, dont il demande l'entérinement.

La cause vint devant la haute Cour dans les derniers jours de février 1644.

Renaudot était assisté de la Faculté de Montpellier, qui, naturellement, avait pris fait et cause pour son champion, et de ses deux fils, Isaac et Eusèbe, lesquels, depuis longtemps licenciés, et ayant accompli toutes les formalités requises, demandaient leur admission au doctorat, dont ils demeuraient exclus en haine de leur père. On avait, en effet, tout fait pour leur fermer l'entrée de la carrière. On s'était d'abord longtemps refusé à les admettre aux examens, sous prétexte que l'indignité de leur père rejaillissait sur eux, et quand, enfin, on les y avait admis, on leur avait imposé la plus dure des conditions, une sorte de reniement de leur père, et celui-ci avait eu le courage de leur conseiller d'en passer par là : ils avaient dû s'engager par serment, et par acte public passé devant notaire, à renoncer au *commerce de friperie* exercé par leur père, moyennant quoi ils avaient été admis aux examens, et reçus successivement bacheliers, puis licenciés. C'était le point essentiel, puisque désormais ils avaient le droit de pratiquer à Paris. Mais on avait jusque-là obstinément refusé de leur donner le bonnet de docteur, et

c'est pour avoir raison de cette injuste résistance
qu'ils s'adressaient au Parlement (1).

En faveur de Renaudot comparaissaient encore :
un maréchal de France, François de l'Hôpital,
plusieurs grands seigneurs et grandes dames, et un
nombre considérable d'individus de tout âge et de
toute profession, se qualifiant *pauvres*, et réclamant
à ce titre la continuation légale des consultations
charitables, en même temps qu'ils attestaient le talent de leur fondateur et l'excellence de ses remèdes.

(1) « On aurait peine à croire à cette abominable tyran-
nie, dit M. Chéreau, si nous n'en mettions le témoignage
sous les yeux. Voici l'acte que les enfants de Renaudot
durent signer pour être admis au baccalauréat :

« Par devant les notaires gardenottes du Roy notre sire
au Chastelet de Paris, furent présens M<sup>es</sup> Isaac et Eusèbe
Renaudot, frères, maistres ès arts en l'Université de Paris,
estudians en médecine, demeurans rue de la Calandre, au
Grand Coq, paroisse Saint-Germain le Vieil. Lesquels ont
promis à Messieurs de la Faculté de médecine de cette
ville de Paris, qui l'ont ainsi requis d'eux : Qu'au cas qu'ils
ayent l'honneur d'estre receus en la qualité de bacheliers
de ladite Faculté, et autres degrés d'icelle, comme ils l'es-
pèrent et les en supplient, ils n'exerceront point aucunes
des fonctions du Bureau d'adresse, ains s'adonneront entièrement à l'exercice de la médecine. A quoy ils se sont
obligés sous l'hypothèque de tous et chascun de leurs biens.
Ce fut fait et passé après midy, en l'estude Parque, l'un des
notaires soussignés, le xxi<sup>e</sup> jour de Mars mil six cent trente-
huict. Et ont signé la présente, Renaudot, Eusèbe Renaudot,
de Troyes, Parque. »

La Faculté, dans ses conclusions reconvention-
nelles, ne se bornait pas à demander purement et
simplement la confirmation de la sentence du
Châtelet qui interdisait à Renaudot et à ses adhérents l'exercice de la médecine à Paris : elle n'aurait pas trouvé son compte à ce que le procès fût
ainsi renfermé dans ses justes limites ; il lui
fallait du scandale ; ce qu'elle voulait, c'était
écraser sous la calomnie son redoutable adversaire. Voilà pourquoi, se posant en redresseur de
torts, à l'accusation d'exercice illégal de la médecine elle joignit, par une étrange confusion de
tous les principes, celui de trafic et d'usure. Sur
ce terrain l'envie pouvait se donner plus largement carrière, et nous avons vu quelques-uns de
ses admirables arguments.

Elle était soutenue, de son côté, par l'Université de Paris, dont le doyen se porta parti au
procès.

Cinq avocats prirent ainsi la parole dans ce
débat solennel, sans compter le doyen de la Faculté
de médecine et l'avocat général.

L'avocat de Renaudot, dans une harangue
courte et pleine de faits, rappela à la Cour les
consécrations successives que les divers établissements de son client avaient reçues de l'autorité
royale, la protection qui l'avait couvert jusque-là,

le succès de son enseignement privé, et les services qu'il avait rendus à l'humanité par ses consultations charitables.

C'était là évidemment de puissantes considérations ; malheureusement de pareils arguments ne pouvaient avoir de prise sur des juges prévenus ; c'étaient les pires qu'on pût invoquer devant un tribunal impatient de prendre, sur cette autorité royale dont on faisait tant de bruit, une revanche depuis longtemps attendue.

Ces dispositions sont habilement exploitées par l'avocat de la Faculté. Toutes les armes lui sont bonnes pour accabler ce pauvre Renaudot, le ridicule aussi bien que la calomnie. C'est un *ardelio*, un proxénète, un vagabond, un industriel sans foi ni loi. Ses tentatives pour faciliter les transactions et procurer au commerce les moyens d'écoulement qui lui manquent : honteux trafic ! Ses efforts pour venir en aide aux nécessiteux, son Mont d'*impiété*, infâme usure ! Il veut faire sortir de l'ornière l'art de guérir : charlatanisme ! Il donne gratuitement aux pauvres, avec ses consultations, les nouveaux curatifs que lui fournit la science : charlatanisme, charlatanisme ! Pour comble, il se fait gazetier, courtier de nouvelles, l'équivalent de courtier d'amour !

Et il ne s'arrête pas en si beau chemin ; il n'hé-

site pas à fouiller dans les plis les plus intimes de
la vie privée de son adversaire, et se fait une
arme de ses chagrins domestiques. Il le raille sur
son nez. Il va même jusqu'à lui contester la légi-
timité de son prénom de Théophraste, qu'il trouve
trop pompeux pour qu'il ne soit pas emprunté,
et, à ce propos, il le compare au caméléon, en citant un passage de Tertullien *de Pallio* : *Capit
bestiola vermiculum nomen grande;* mais regar-
dez-le de près, *ridebis audaciam et gratiam no-
minis.*

Mais ce n'est pas tout. Voulez-vous savoir jusqu'où allait la rare subtilité de ce digne avocat de
la routine et de l'envie? Suivez bien ce raisonne-
ment : « L'origine et les mœurs de Renaudot sont
à considérer. Il est né à Loudun, où il est certain,
de par Laubardemont, que les démons ont établi
leur domicile; il a témoigné avoir une partie de
leurs secrets et de leurs ruses. En effet, Tertullien
remarquait dans son *Apologétique* — et il cite le
passage — deux circonstances qui avaient mis le
diable en crédit : le débit des nouvelles et
celui des recettes pour les maladies. » Or, Renaudot est gazetier, il veut être empirique, il est
né à Loudun : donc.....

Et c'est au milieu du dix-septième siècle, en
plein Parlement, que se débitaient de pareilles

sottises. Il faut dire aussi que le bûcher d'Urbain Grandier était à peine éteint.

Je passe sur les autres plaidoyers pour arriver au bouquet, à la harangue du doyen de la Faculté de médecine, harangue latine, selon l'usage du temps, mais plus emphatique encore. Il me semble voir cet illustre Diafoirus se pavanant « devant le plus beau monde de Paris »¹, tout fier de faire étalage de sa science. Il commence par invoquer les dieux immortels contre toutes les violations. de la charité chrétienne dont le Gazetier s'est rendu coupable, et, comme pour donner à l'instant même une idée de sa manière d'entendre la charité, il s'étend avec complaisance sur les défauts physiques de son adversaire; il le représente aux juges comme un monstre difforme, auquel il est urgent d'interdire l'exercice de la médecine, parce qu'il est capable d'effrayer les malades par sa laideur, et d'exercer une influence funeste sur leur imagination. Il le compare sans pitié au célèbre Zopyre, à cet infortuné Déiphobe que Virgile nous représente après sa mutilation, *lacerum crudeliter ora*. Et pour prouver qu'il sait son Virgile, il ajoute ironiquement, en s'adressant à ce pauvre camus :

*Huc ades, o formose puer ! tibi lilia plenis*
*Ecce ferunt Nymphæ calathis...*

Comment s'étonner que Renaudot ait succombé sous de telles accusations ?

La Faculté de .Montpellier ne fut pas moins malmenée; elle fut écrasée sous le poids d'arguments de la même force : « Toutes les autres corporations rejettent les étrangers qui n'ont pas fait leurs preuves. C'est le propre des corps naturels de rejeter tout ce qui est d'une substance étrangère, et pour cela nous ressentons une faculté expultrice pour purger le corps des excréments et mauvaises humeurs. La Faculté est une mère qui doit étouffer tous ces avortons, ces môles inanimés, ces superfétations qui n'engendrent que de la corruption et de la pourriture. »

Enfin, après quatre jours de plaidoiries, cet inique procès fut terminé par un arrêt solennel, dont voici le texte :

« La Cour ordonne que ce dont est appel sortira son effet;

« Ordonne que, dans la huitaine, la Faculté s'assemblera pour faire un projet de règlement pour les consultations charitables, et icelui apporter à la Cour, pour icelle en ordonner ce que de raison;

« Ordonne que Renaudot présentera à ladite Cour les Lettres patentes adressées à icelui par lui obtenues pour l'établissement du Bureau et per-

mission de vendre à grâce; et cependant lui fait
expressément défense de plus vendre ni prêter à
l'avenir sur gages, jusqu'à ce qu'autrement par la
Cour en ait été autrement ordonné;

« Et que les officiers du Châtelet se transpor-
teront chez ledit Renaudot pour faire inventaire
de toutes les hardes qui se trouveront en sa
maison, pour les rendre à qui il appartiendra. »

Quant à l'affaire des fils de Renaudot, il fut déclaré qu'il y serait fait droit séparément.

C'est alors qu'il faut entendre les éclats de Guy
Patin; il triomphe avec une sorte de joie cruelle,
et ses lettres de 1644 sont toutes pleines de ses
bulletins de victoire :

« Un grand et solennel arrêt de la Cour, donné
à l'audience publique, après les plaidoyers de cinq
avocats et quatre jours de plaidoiries, a renversé
toutes les prétentions du Gazetier, et a aussi
abattu son Bureau, où il exerçait une juiverie hor-
rible et mille autres infâmes métiers (14 mars). —
Le Gazetier ne pouvait pas se contenir dans
la médecine, qu'il n'a jamais exercée, ayant toujours tâché de faire quelqu'autre métier pour
gagner sa vie, comme de maître d'école, d'écrivain,
de pédant, de surveillant dans le huguenotisme,
de gazetier, d'usurier, de chimiste, etc. Le métier

qu'il a le moins fait est la médecine, qu'il ne saura jamais. C'est un fanfaron et un *ardelio*, duquel le caquet a été rabaissé par cet arrêt, que nous n'avons pas tant obtenu par notre puissance que par la justice et la bonté de notre cause, laquelle était fondée sur une police nécessaire en une si grande ville contre l'irruption de tant de barbares qui eussent ici exercé l'écorcherie, au lieu d'y faire la médecine. » (9 juin.)

« Je vous dirai, écrit-il à Spon (8 mars), qu'enfin le Gazetier, après avoir été condamné au Châtelet, l'a été aussi à la Cour, mais fort solennellement, par un arrêt d'audience publique prononcé par M. le premier président. Cinq avocats y ont été ouïs, savoir : celui du Gazetier, celui de ses enfants, celui qui a plaidé pour les médecins de Montpellier, qui étaient ici ses adhérents, celui qui plaidait pour notre Faculté, et celui qui est intervenu en notre cause de la part du recteur de l'Université. Notre doyen a aussi harangué en latin, en présence du plus beau monde de Paris. Enfin, M. l'avocat général Talon donna ses conclusions par un plaidoyer de trois-quarts d'heure, plein d'éloquence, de beaux passages bien triés et de bonnes raisons, et conclut que le Gazetier ni ses adhérents n'avaient nul droit de faire la médecine à Paris, de quelque université qu'ils fussent docteurs, s'ils n'étaient approuvés de notre Faculté, ou des médecins du roi, ou de quelque prince du sang servant actuellement. Puis après il demanda justice à la Cour pour les usures du Gazetier et pour tant d'autres métiers dont il se mêle, qui sont défendus. La Cour, suivant ses conclusions, confirma la sentence du Châtelet, ordonna que le Gazetier cesserait toutes ses conférences et consultations charitables, tous ses prêts sur gages et vilains négoces, et *même sa chimie*, de peur ce dit M. Talon, *que cet homme, qui a tant envie d'en avoir par droit et sans droit, n'ait enfin envie d'y faire la fausse monnaie* (1). »

Il triomphe particulièrement de l'échec des fils de Renaudot : « Le pauvre diable est bien humilié. Il voudrait seulement bien que nous eussions pardonné à ses deux fils en leur donnant le bonnet après lequel ils attendent et attendront longtemps encore. » Et cela lui paraît une victoire admirable : « Tous les hommes particuliers meurent, mais les compagnies ne meurent point. Le plus puissant homme qui ait été depuis cent

(1) Dans l'extrait des Registres de la Cour de Parlement (1644) où est relaté le plaidoyer de M. Talon, on ne trouve point cette phrase, que M. Talon ne laissa peut-être échapper qu'en conversation, si tant est qu'elle ne soit pas simplement de l'invention de Guy Patin.

ans en Europe, sans avoir la tête couronnée, a été le cardinal de Richelieu; il a fait trembler toute la terre; il a fait peur à Rome, il a rudement traité et secoué le roi d'Espagne; et néanmoins il n'a pu faire recevoir dans notre compagnie les deux fils du Gazetier, qui étaient licenciés, et qui ne seront de longtemps docteurs ».

Disons tout de suite qu'ils ne le furent, en effet, que quatre ans plus tard, et après avoir encore une fois désavoué devant notaires tout ce qui avait été fait par leur père, « tant en libelles que procédures quelconques ».

On voit à quel point le Parlement et les gens du roi entraient avant et prenaient part dans les guerres de corps contre les libres survenants. Ce qu'il y eut surtout de déplorable dans cette affaire, c'est que les juges de Renaudot ne montrèrent pas plus de lumière que ses adversaires ne montrèrent de bonne foi.

Je ferai cependant remarquer que l'arrêt du Parlement est loin d'avoir la portée, d'être aussi accablant pour Renaudot, que le donnent à entendre toutes les biographies, tous ceux qui ont eu occasion de parler de ce procès. Il ne porte que sur deux points : l'exercice de la médecine à Paris, et les ventes à grâce, et il n'est définitif que sur le premier : il confirme seulement le monopole prétendu par la Faculté de médecine de Paris, monopole suranné, absurde, mais qui avait pour lui le temps et la loi. Sur le second point, il n'est en quelque sorte que préjudiciel, la décision définitive est renvoyée après la production par Renaudot des titres en vertu desquels il avait établi ces ventes. Il est vrai que le Parlement était bien décidé à ne pas sanctionner ces titres, qu'il connaissait parfaitement. C'est pour cela qu'il ordonna provisoirement la fermeture du Mont-de-Piété, et cette fermeture entraînait forcément la remise aux déposants des objets par eux engagés.

Le Parlement, du reste, ne méconnaissait point l'utilité des établissements qu'il condamnait. On vient de voir qu'en même temps qu'il faisait fermer le dispensaire de Renaudot, il ordonnait à la Faculté d'en ouvrir d'autres sans le moindre délai ; et quelques années après il n'hésitait pas à enregistrer les édits qui prescrivaient l'ouverture de Monts-de-Piété dans les principales villes du royaume, et absolument sur les mêmes bases que celui de Renaudot, bases, du reste, qui lui avaient été imposées par le gouvernement (1).

(1) Pour ce procès, voir dans les *Causeries du lundi* (VIII, 79) un très brillant article sur Guy Patin, dont j'ai

Quoi qu'il en soit, ce dut être un bien vif cha-
grin pour cet honnête Théophraste de voir détruites,
par de mesquines rancunes, ces institutions charitables dans lesquelles il avait mis toute son
âme.

Sa fortune souffrit-elle de cette iniquité? C'est
possible. L'arrêt du Parlement s'était borné à ordonner la restitution aux intéressés des objets
déposés au Mont-de-Piété; il n'avait pas dit à
quelles conditions se ferait cette restitution. Serait-
ce, comme l'équité l'aurait voulu, contre le rem-
boursement des avances qui avaient été faites?
L'opération n'eût pas été très pratique. Dans tous
les cas, on peut penser que les intérêts de Renaudot
furent peu ménagés.

Mais de là à la ruine qui, selon les biographes,
aurait été pour lui la suite de ce procès, il y a
loin; admettre même cette supposition serait
donner raison à ses ennemis, qui l'accusaient de
trafiquer de la misère, de vivre d'usure.

Et, d'ailleurs, ne conservait-il pas ses charges
de Maître et intendant général des Bureaux d'a-
dresse et de Commissaire général des pauvres du
royaume, charges plus ou moins lucratives, mais

fait largement mon profit — Voir aussi Maurice Raynaud,
les *Médecins du temps de Molière,* p. 265 et s.

non purement honorifiques, il nous l'apprend lui-
même ? Rappelant quelque part l'arrêt du Conseil
de 1618 qui l'investit de cette dernière charge,
il dit « qu'en exécution, il a touché des gages et
appointements de Sa Majesté, qu'il a employés à
établir ce fameux Bureau d'adresse d'où sont
sorties depuis tant de belles inventions, telles
que sont la *Gazette*, les Conférences, les Consultations charitables pour les pauvres malades, et
infinité d'autres choses également utiles et approuvées d'un chacun ».

Enfin, la maison du Grand-Coq restait debout,
ainsi que la *Gazette*, qui, à elle seule, pouvait
suffire à la fortune de son propriétaire (1). Mazarin, en effet, avait appris de Richelieu l'utilité
de ce nouvel instrument de gouvernement; il en
comprit bien mieux encore l'importance au milieu
des troubles qui suivirent son avènement au pouvoir, et Renaudot était devenu un de ses plus
intimes confidents.

(1) Je lis dans une pièce postérieure de cinq ans à l'arrêt du Parlement :

> ... *Si de toutes vos défaites*
> *Vous me demandiez les gazettes,*
> *Il faudrait être Renaudot,*
> *Qui les donne à ses fils en dot,*
> *A voir les mêmes avantages,*
> *Ses lieux communs et tous ses gages.*

Nous avons la preuve de cette intimité entre le ministre et le Gazetier, intimité qui témoigne, à la fois, de la puissance du journal dès son origine, et de l'habileté du premier des journalistes français, dans les nombreux pamphlets que la Fronde leur décocha conjointement, et dans quelques-uns desquels on reconnaît aisément la plume acerbe de Guy Patin. Nous avons déjà reproduit un de ces libelles, le *Voyage de Renaudot à la Cour (suprà*, p. 126) ; citons encore quelques traits de la *Conférence secrète du cardinal Mazarin avec le Gazetier*, envoyée de Bruxelles le 7 mai 1649 :

« LE CARDINAL MAZARIN. — Monsieur Renaudot, mon bon ami, c'est maintenant plus que jamais que j'ai besoin de tes inventions et de ta plume. Tu vois l'état où je suis réduit, tu vois l'orage qui s'est élevé : il ne faut pas de moindre adresse que la tienne pour en détourner l'effort, sous lequel je ne puis que périr, s'il vient à fondre.

« LE GAZETIER. — Monseigneur, je crois que V. E. me joue à son ordinaire. Jamais elle ne fut plus heureuse qu'elle est à présent; elle ne fut jamais si puissante et si honorée, ni avec tant de respect...

« Le Cardinal. — Renaudot, trêve de compliments. Ces flatteries ont été bonnes durant quatre
ou cinq ans, pendant lesquels tout ce que tu viens
de dire m'était un grand motif de gloire et de
satisfaction ; mais, à présent, la charrue est tour-
née...

« Le Gazetier. — Monseigneur, ce n'est pas le
bruit commun. V. E. n'ignore pas qu'il ne me
serait pas caché : tous ceux qui me donnent des
avis sont des gens d'honneur, et qui savent tout
ce qui se passe de jour et de nuit ; j'ai mes enfants
à Paris qui voient les meilleures compagnies, qui
font la *Gazette* pour le Parlement, où l'on n'ou-
blie rien, et, dans tous les mémoires que je reçois des uns et des autres, je ne vois rien qui vous
doive toucher le cœur que d'une passion de gloire
et de générosité... »

Et la comédie se poursuit ainsi pendant quarante pages in-4°. Renaudot énumère tout ce qu'il
a fait jusque-là pour le cardinal ; il propose ses
plans, que discute Mazarin, et discute à son tour
ceux de ce dernier. Enfin, les deux compères se
séparent en se faisant mutuellement les plus grandes protestations.

« Le Gazetier. — Monseigneur, aussitôt que
j'aurai achevé quelques feuilles qui me restent

pour parer aux coups du gazetier de Cologne, je travaillerai suivant les sentiments de Votre Éminence, et avec tant d'adresse qu'elle aura sujet de me croire son très humble serviteur.

« LE CARDINAL. — Va, Renaudot, et que je t'embrasse, pour arrhes de la récompense que tu dois espérer. »

Qu'on fasse aussi large que l'on voudra la part de la satire, de la passion, il n'en restera pas moins que Renaudot jouissait auprès du premier ministre, à la cour même, d'une faveur toute particulière, que ses services y étaient fort appréciés, et l'on peut supposer qu'ils étaient récompensés en conséquence.

Si donc il ne laissa point de fortune, il faut en chercher la cause ailleurs que dans l'interdiction des ventes à grâce. Pour ma part, j'en trouverais une explication bien suffisante dans son désintéressement, dans son inépuisable charité. Les pamphlets, pas plus que les arrêts, ne pouvaient prévaloir contre le bon sens public. Renaudot, malgré tout, avait conservé la réputation d'un savant médecin et d'un homme de bien; et, en dépit de la Faculté, il continua jusqu'à son dernier jour à faire jouir le public de ses « innocentes inventions », à prodiguer aux pauvres son temps, ses

conseils et ses remèdes chimiques, dont il eut la
satisfaction de voir le triomphe. Il nous l'a déjà
dit lui-même, dans la naïveté de son âme, et on le
redira sur sa tombe : « Se reconnaissant né au
bien public, il y sacrifia le plus beau de sa vie,
sans autre récompense que celle dont la vertu se
paie par ses mains. »

V

# L'HOMME

# L'HOMME

---



LE docteur Roubaud a crayonné, d'après le portrait qui se voit en tête de la collection de la *Gazette*, une silhouette de Renaudot qui, pour être un peu forcée, ne manque pas de vérité.

« Malgré un front vaste et des yeux largement fendus, la physionomie de Renaudot manquait à la fois de grâce et de noblesse, parce que l'organe qui donne cette double expression, c'est-à-dire le nez, était court et largement épaté ; de plus, et comme pour aggraver l'impression fâcheuse que tout d'abord produisait ce nez camard, les cheveux étaient rares sur la tête, et les poils, raides et clair-semés, dessinaient une barbe et des moustaches incultes et hérissées. Cependant ces détails anatomiques, si l'on peut ainsi dire, étaient relevés par l'expression d'un regard tout à la fois vif, intelligent et bon, et l'on sentait que, sous ce front dénudé et sillonné de rides, bouillonnait un esprit primesautier et d'une rare activité. Un grand col de toile blanche, étalé sur un pourpoint boutonné dans toute sa hauteur, donnait à la physionomie du visiteur (Renaudot était censé en visite chez Vaultier, médecin de Marie de Médicis) un air de jeunesse et de vigueur qui tempérait la difformité du nez, l'austérité des rides, la rigidité de la barbe et la sévérité du costume. Celui-ci, en effet, tout entier de couleur noire, se composait d'un pourpoint boutonné jusqu'au cou, d'un haut-de-chausses à légers bouffants, et de bas exactement moulés sur les jambes ; cependant, il ne manquait d'élégance, ni dans la coupe ni dans le choix des étoffes, et il était surtout porté avec une grâce et une facilité qui trahissaient chez son propriétaire le goût de la richesse et la fréquentation du grand monde (1). »

Cette légère difformité dont Renaudot était affligé était pour ses ennemis le sujet d'intarissables sarcasmes, dont nous avons déjà rencontré quelques échantillons. En voici encore un, qui

(1) *Théophraste Renaudot, créateur du Journalisme en France,* plaquette appartenant au genre qu'on appelle roman historique.

donnera la mesure des gentillesses que lui pro-
diguaient les loustics de la Faculté :

## LE NEZ POURRY DE THÉOPHRASTE RENAUDOT

Grand gazettier de France, et espion de Mazarin, appelé
dans les chroniques *nebulo hebdomadarius*, *de patria
diabolorum;* avec sa vie infâme et bouquine, récom-
pensée d'une vérole euripienne; ses usures, la décadence
de ses Monts-de-piété et la ruine de tous ses fourneaux
et alambics (excepté celle de sa Conférence, rétablie
depuis quinze jours), par la perte de son procès contre
les docteurs de la Faculté de médecine de Paris.

---

Sur le nez pourri de Théophraste Renaudot
alchymiste, charlatan, empirique, usurier comme
un juif, perfide comme un turc, meschant
comme un renégat, grand fourbe
grand usurier, grand Gazetier
de France.

### RONDEAU

*C'est pour son nez, il lui faut des bureaux*
*Pour attraper par cent moyens nouveaux*
*Des carolus; incaguant la police,*
*L'on y hardoit office et bénéfice;*
*L'on y voyoit toutes gens à monceaux :*
*Samaritains, juifs, garces, maquereaux;*
*L'on y portoit et bagues et joyaux*
*Pour assouvir son infáme avarice;*
*C'est pour son nez.*

TH. RENAUDOT.                                   6**

Qu'il fit beau voir ces pieux animaux (1)
Entrer en lice, et courir par troupeaux
Pour soutenir la bande curatrice !
Mais tout d'un coup, ma foy, dame Justice
Jeta par bas alambics et fourneaux :
    C'est pour son nez.

## AUTRE RONDEAU

### SUR LE MÊME SUJET

Un pied de nez servirait davantage
A ce fripier, docteur du bas étage,
Pour fleurer tout, du matin jusqu'au soir ;
Et toutefois on dirait, à le voir,
Que c'est un dieu de la chinoise plage (2).
Mais qu'ai-je dit ? c'est plutôt un fromage
Où sans respect la mite a fait ravage.
Pour le sentir il ne faut point avoir
    Un pied de nez.

Le fin camus, touché de ce langage,
Met aussitôt un remède en usage,
Où d'Esculape il ressent le pouvoir :
Car, s'y frottant, il s'est vu recevoir
En plein Sénat, tout le long du visage,
    Un pied de nez.

Ces aimables plaisantins sont pourtant forcés de convenir que, si Renaudot n'était pas parfaitement beau, au moins il était assez agréable, et

(1) Martin, advocat, intervenant pour ceux de Montpellier, les appela *animaux charitables.*

(2) **Les dieux de la Chine ont le nez écaché.**

qu'il pouvait gagner par les charmes de son discours ce qu'il pouvait perdre par les difformités
de son visage.

Sans parler en effet de l'amabilité de son caractère et de son extrême obligeance, qui lui firent de
nombreux amis, on s'accorde à dire qu'il n'était
pas moins recherché pour son esprit que pour
sa science, et lui-même nous l'a déjà donné à entendre, en rabrouant les petits avortons d'esprits
qui lui faisaient un reproche de ces passe-temps, et
aussi de la diversité de ses emplois, qui lui laissait cependant assez de temps « pour s'égayer et ne
s'estranger point les plus délicates oreilles par ses
poèmes ».

Renaudot, en effet, se piquait de poésie. La première production imprimée de lui, dans ce genre,
que j'aie rencontrée, en dehors de celles contenues,
comme je l'ai dit (*suprà*, p. 22), dans le *Tumulus
Sammarthani*, est une pièce de vers de 1627, conservée à la Bibliothèque nationale. Ce sont des
*Stances pour la santé du Roy;* en voici la première, une des moins mauvaises :

> *Il est vray que ce siècle pervers*
> *N'a rien qui ne soit à l'envers :*
> *Un roy miracle de notre âge*
> *Pour les maux qu'il n'a pas commis*
> *Ha la fièvre que son courage*
> *Donnait à tous ses ennemis.*

La pièce est dédiée à *Monseigneur le Cardinal de Richelieu,* et très probablement, en l'écrivant, Renaudot pensait plus au puissant ministre qu'au monarque malade :

> *Digne prélat qui sais calmer*
> *Les orages de notre mer,*
> *Tire-nous des maux où nous sommes,*
> *Impètre du ciel notre bien :*
> *Il t'aime encor plus que les hommes,*
> *Et ne te refuse de rien.*

> *Par tes prières sa bonté*
> *Au Roy donnera la santé,*
> *Et cette fièvre, pour bon signe,*
> *Poussera dehors son venin :*
> *Comment serait-elle maligne,*
> *En un naturel si benin?*

Le 4 mars 1649, le roi étant allé visiter son imprimerie, établie dans l'un des appartements de son Orangerie à Saint-Germain-en-Laye, et S. M. ayant voulu faire imprimer quelque chose, celui à qui Leurs Majestés ont donné la direction de cette imprimerie (Renaudot) dicta sur-le-champ quelques vers sur la première conférence de Ruel.

Voici les derniers, les seuls que l'auteur publie, les premiers ayant été enlevés par les courtisans :

*J'accepte cet augure en faveur de l'histoire*
*Qu'à l'instant que Paris se met à la raison,*
*Mon prince, visitant sa royale maison,*
*Va fournir de sujet aux outils de sa gloire.*
*Embrassez-vous, Français ! Espagnols, à genoux,*
*Pour recevoir la loi, car la paix est chez nous !*

(Le Siége mis devant le Ponteau de mer *(sic)*...

St-Germain, 1649.)

Le roi, cela va sans dire, récompensa magnifi-quement les ouvriers.

On attribua à Renaudot toutes les pièces sorties de l'imprimerie de Saint-Germain ; mais l'historien des Mazarinades n'en sait que huit dont la paternité lui appartienne certainement. Dans la collection des lettres de Letellier-Louvois (ms. de la Biblio-thèque nationale, vol. 33) se trouve une adresse au peuple pour l'engager à ne pas se montrer hostile à la cour. A ce projet est joint un ordre du roi portant que Renaudot publiera cette pièce sans nom d'imprimeur, et la répandra sans nommer l'auteur.

Nous savons déjà que Renaudot versifiait aussi bien en latin qu'en français, et qu'il allait même, dans la langue de Virgile, jusqu'au poème. Les nombreuses citations dont ses écrits sont émaillés prouvent, d'ailleurs, qu'il connaissait ses auteurs, les sacrés comme les profanes.

6***

Sur la vie privée de Renaudot, sur son ménage, je n'ai pu qu'à grand'peine recueillir les quelques renseignements qui suivent, et que j'ai élucidés de mon mieux. La méthode que j'ai employée n'est pas la plus courte, je le confesse, mais elle m'a semblé la plus sûre.

J'ai dit (*suprà*, p. 16) que, malgré l'accueil favorable qu'il avait reçu à Paris, lorsqu'il y avait été mandé par le gouvernement, il était retourné dans sa ville natale, — « où peut-être, ajoutais-je, il était ramené par des attaches qu'il y aurait laissées. »

Je ne m'étais point trompé dans mes suppositions, et ces attaches que je soupçonnais étaient même plus fortes que je ne les pouvais croire : il y avait laissé une femme et deux enfants.

Il fallait, pour cela, qu'il se fût marié bien jeune. En effet, reçu docteur en 1606, à dix-neuf ans, il avait, avant de venir exercer son art dans sa ville natale, il nous l'a dit, « employé quelques années en voyages, tant en France qu'à l'étranger ». Quelques années, ce ne peut être moins de deux ans. Il serait donc rentré à Loudun au plus tôt en 1608, à vingt et un ans. Or il est certain qu'en 1610 il était déjà père de famille.

Sa femme, au dire de Jal, se nommait Jeanne Baudot ; elle était de la religion réformée, comme il en était lui-même, bien évidemment, ainsi que ses parents, à l'époque où il se maria.

Jal ajoute que de ce mariage seraient issus au moins cinq enfants : Renée, 28 décembre 1626 (Saint-Hilaire) ; une autre fille dont il ne sait pas le nom, et qui mourut le lundi 22 août 1639 (Saint-Germain-le-Vieil) ; une troisième, Hélène, qui épousa François Soyer, seigneur de Grignon ; enfin Eusèbe et Isaac, dont il n'a pu trouver les baptistaires.

Voilà ce que j'avais été heureux de trouver dans le *Dictionnaire critique de biographie et d'histoire*, bien que je ne lui accordasse pas une confiance illimitée, en dépit, peut-être même à cause de sa prétention de rectifier et de compléter les ouvrages biographiques antérieurs.

Certes, les erreurs, les omissions, les fautes de tout genre, abondent dans les encyclopédies en général et dans les biographies en particulier ; cela est en quelque sorte légendaire. Mais pour peu qu'on ait mis le pied dans ces matières broussailleuses, on est plein d'indulgence pour des *lapsus* inévitables. Assurément, l'entreprise de Jal était fort louable ; seulement il l'a peut-être pris d'un peu trop haut avec ses devanciers. Son article *Renaudot* suffirait seul à le prouver.

Je passe sur le chapitre des filles, qui a pour

moi peu d'importance, et que, d'ailleurs, je n'ai pu contrôler, les baptistaires des paroisses de Paris, où Jal avait puisé, ayant été brûlés par la Commune en 1871, ainsi que tous les autres actes de l'état civil. Je ferai seulement remarquer, à leur sujet, une première erreur de Jal. Il avance que Renaudot tint sur les fonts de Saint-Thomas-du-Louvre, le 5 septembre 1645, Eusèbe Soyer, fils de sa fille Hélène, et que, dans l'acte de baptême, il est qualifié de « docteur et régent de la Faculté de Paris », lui qui n'était pour les docteurs de Paris qu'un empirique, un charlatan, et cela, pour comble, un an après le fameux arrêt qui lui refusait le droit d'exercer la médecine dans la capitale !

Quant à Eusèbe et Isaac, qu'il fait venir après les filles, il y avait une bonne raison pour qu'il ne trouvât leur acte de baptême dans aucune des sacristies de Paris, c'est qu'ils naquirent bien certainement l'un et l'autre à Loudun.

On connaît assez généralement ces deux fils de Renaudot, parce qu'ils furent intimement mêlés à la querelle de leur père avec la Faculté. Mais ce qui est demeuré jusqu'ici à peu près complètement ignoré, c'est qu'ils avaient un frère aîné, et cette ignorance provient en grande partie de ce que Renaudot, suivant une coutume aussi absurde

qu'elle est ancienne, avait donné à ce premier-
né son prénom de Théophraste.

Que l'existence de ce troisième fils de Renaudot ait échappé à Jal, il n'y a là rien d'étonnant;
mais ce qui l'est davantage, c'est qu'il ait tourné
longtemps autour de lui sans le reconnaître, c'est
qu'il l'ait pris pour son père, c'est qu'il ait attribué
à Théophraste I<sup>er</sup> les faits et gestes de Théophraste II, et cela avec une assurance, avec un
luxe de détails faits pour surprendre et pour trom-
per les plus incrédules. Qu'on en juge par ce début de l'article qu'il consacre aux Renaudot :

« Théophraste Renaudot, homme de lettres,
médecin, chimiste et débitant de remèdes secrets —
comme les nommaient messieurs de la Faculté de
médecine de Paris, qui n'en connaissaient pas la
composition — intendant général des Bureaux d'a-
dresse, journaliste qui fonda la *Gazette de France*,
en 1634 (!), voulut avoir une charge de magistrat; pourquoi ? Vous allez le savoir.

« La Cour des Monnaies avait sous sa surveillance tout ce qui, dans le commerce, l'industrie
et l'art, touchait à la distillerie, chose assez singu-
lière, mais enfin chose certaine. Renaudot avait
besoin d'avoir chez lui un laboratoire, des alambics, et tout ce qu'avaient les apothicaires, les dis-
tillateurs et les médecins spagiriques. Il pré-

voyait quelques difficultés à l'obtention d'une demande qu'il voulait faire à la Cour des Monnaies,
cette compagnie se montrant très difficile au chapitre des établissements où se pouvaient élaborer
des liqueurs dangereuses aussi bien que d'honnêtes remèdes. « Si j'étais un d'entre eux, se dit-il,
la chose serait aisée : on ne refuse rien à un honorable collègue. Cherchons, informons-nous. »

« Le destin se montra soigneux de le pourvoir,
comme dit La Fontaine. Jean le Noble, conseiller
à la Cour des Monnaies, mourut, et Renaudot
acheta la charge vacante, avec l'agrément du roi,
donné par lettre du 1er mai 1638 (*Archives natio-
nales*, Z 3218, fol. 119).

« Installé le 29 juillet suivant, Renaudot pratiqua doucement les personnages influents de la
Cour, et bientôt il présenta une demande tendant
à obtenir la licence d'avoir chez lui des alambics.
La chose n'alla pas toute seule. La Cour, par un
arrêt du 26 octobre 1639, renvoya le requérant à
se pourvoir du congé du roi. Renaudot était médecin consultant de Sa Majesté : il semblait que
ce titre devait aplanir les difficultés; il lui fut
d'un médiocre secours, car ce fut seulement le
27 septembre 1640 que les lettres du roi accor-
dèrent à Renaudot l'objet de sa demande (*Arch.
nation.*, Z 3218, fol. 180 et 306).

« Les biographes paraissent n'avoir point connu les faits que je mentionne ici, et Germain Constant, dans son *Traité de la Cour des Monnaies*, qui cite deux médecins du roi qui obtinrent la permission d'établir des distilleries chez eux, a oublié de citer Théophraste Renaudot comme en possession de cette faveur, « pour le proffict du genre humain. »

Et, plus loin, il ajoute : « Dans le baptistaire d'Élisabeth-Marie, fille d'Eusèbe, Théophraste Renaudot est dit « conseiller en la Cour des Monnaies ».

J'ait cité tout ce passage, parce qu'il m'a semblé instructif à tous les points de vue. La mise en scène est des plus habiles. On sent déborder la joie du pionnier devant une trouvaille dont il est heureux et fier, et qu'il retourne dans tous les sens. Rien ne manque à ce tableau, rien..... que la vérité.

La vérité est que le « cher et bien amé Théophraste Regnauldot », auquel le roi, « sur le bon et louable rapport qui lui avait été fait de sa personne, et sa très suffisante loyauté, prudhomye et expérience », accorda, par Lettres patentes du 1er avril 1638, le siège laissé vacant à la Cour des Monnaies par Le Noble, n'était pas le créateur du Dispensaire, mais son fils aîné, lequel, dans l'or-

donnance conforme de la Cour, du 29 juillet de
la même année, est qualifié « d'advocat au Parlement ».

Mais les autres pièces consignées dans les registres de la Cour des Monnaies sont bien rela-
tives à notre Théophraste; ce sont : 1° la Requête
qu'il adressa à cette Cour à l'effet d'être autorisé
à tenir chez lui des fourneaux; 2° l'Ordonnance
de la même Cour, du 26 avril 1639, qui le renvoie à se pourvoir de la permission du roi; 3° les
Lettres patentes du 2 septembre, que j'ai citées
p. 65; et enfin 4° l'Entérinement de ces lettres, à
la date du 26 octobre, « à la charge par le requérant de garder les ordonnances et de souffrir les
visites des commissaires de la Cour ».

La découverte de ce Théophraste II, resté si
longtemps inconnu, remonte à 1873. Elle est due
— jusqu'à preuve contraire — à un médecin de
Paris, le docteur A. Corlieu, qui en a fait l'objet
d'une note insérée dans le *Courrier médical* du
30 août de la même année, sous ce titre : *les Des-
cendants de Théophraste Renaudot.* « Un heureux
hasard, dit-il, m'a fait mettre la main sur de curieux manuscrits de la Bibliothèque nationale, où
j'ai trouvé ces renseignements intéressants au
point de vue historique et biographique. »

Ces renseignements, dont notre docteur ne soup-
çonnait probablement pas l'importance au point de
vue spécial qui nous occupe, j'ai tenu naturellement
à les vérifier, et ce n'est pas sans peine que j'y suis
parvenu, l'indication de la source ayant été très
inexactement libellée. Dans un in-folio manu-
scrit, portant ce titre : *Remarques de plusieurs
années*, et dont les marges sont occupées par une
kyrielle de noms, j'ai fini par rencontrer celui de
Renaudot, et, en regard, une sorte d'état civil de
sa famille, où il est dit qu'il avait trois enfants :
Théophraste, Isaac et Eusèbe. C'était la seule
énonciation qui m'intéressât dans cette généalogie,
où, on le remarquera, il n'est point question de
filles, et qui contient, d'ailleurs, des inexactitudes
que M. Corlieu ne s'est pas cru obligé de redresser.

Nul doute n'est donc plus possible aujourd'hui
sur la descendance mâle de Renaudot. Nous
avons, d'ailleurs, sur ce point d'autres témoignages que celui que je viens de citer, des
témoignages irrécusables ceux-là, le témoignage
d'Isaac et celui d'Eusèbe.

Celui-ci avait eu l'excellente idée — qu'ont eue
bien des pères de famille, mais que bien peu ont
mise à exécution — de tenir registre des principaux actes de sa vie. J'ai eu entre les mains ce

journal d'Eusèbe. Il a la forme de nos petits car-
nets, de nos agendas de poche. Il est intitulé :
« Journal des principales affaires de ma famille »,
et débute ainsi : « Elle commence le 12 février
1646, par le mariage de moy Eusèbe Renaudot et
de Marie d'Aicqs »; ce qui indique que par sa
famille Eusèbe entend seulement celle dont il est
la souche. Aussi son journal n'est-il guère rempli
que des nombreux accouchements de sa femme,
et de ses affaires d'argent, dont il paraît très
soigneux. On y rencontre cependant par-ci par-
là quelques notes touchant son autre famille. C'est
ainsi que j'y ai relevé ces quelques détails sur la
mort de son frère aîné :

« 1672. Le 21 mai est mort, dans sa soixante-
douzième année, nostre frère Théophraste Renaudot, sieur de Boissemé, conseiller en la Cour
des Monnoyes. Il nous a laissés, mon frère Isaac
et moi, ses légataires et héritiers universels.

« La *Gazette*, dont il était pourvu, m'a été
donnée par le roy, nonobstant les sollicitations
de plusieurs qui la demandaient, et j'en ai conféré
le titre à François Renaudot, mon second fils, sous
les conditions convenues entre mon frère et moi. »

Et ailleurs j'ai rencontré un acte notarié qui
suivit de près la mort de Théophraste, le trans-
port du bail de son logis, je crois, acte passé par

« noble homme Isaac Renaudot, conseiller et médecin ordinaire du roi, docteur régent de la Faculté de médecine de Paris, agissant tant en son nom que comme se faisant et portant fort de messire Eusèbe Renaudot, son frère, conseiller du roi en ses conseils, et premier médecin de Monseigneur le Dauphin, auquel il promet de faire ratifier ces présentes escritures du testament olographe et ordonnance de dernière volonté de deffunct messire Théophraste Renaudot, conseiller du roy, doyen et commissaire de la Cour des Monnoyes, et historiographe du roy, leur frère. »

Théophraste avait donc succédé à son père dans le privilège de la *Gazette*, et à ce privilège était attaché le titre d'historiographe du roi.

Il était né en 1610, à Loudun. Les deux actes que je viens de citer montrent qu'il ne laissa pas d'enfants.

Il existe une médaille de ce Théophraste II, que son possesseur avait prise, malgré l'exergue, pour le sceau ou le jeton du père, dont la figure lui était peu familière.

Les deux autres fils de Renaudot nous sont mieux connus.

Le second, Isaac, naquit à Loudun en 1611, fut reçu docteur, comme nous le savons déjà, le 23 décembre 1647; conseiller et médecin ordinaire du roi, il mourut à Paris le 25 mai 1680. Il avait épousé une veuve Mestaut, née Brosseau, pour laquelle il aurait conçu une véritable passion, à en juger par les extrémités auxquelles elle le poussa, à un âge où l'on n'a plus l'excuse de la jeunesse, extrémités que constatent suffisamment les deux pièces suivantes, dont je dois la connaissance à M. Chéreau (1), et qui m'ont paru trop instructives pour que j'hésitasse à les reproduire :

« Paroisse Saint-Sulpice. — Le 17 mai 1644 a été fiancé M° Isaac Renaudot, *commissaire à l'extraordinaire des guerres*, fils de *deffunct* Théophraste Renaudot et de deffuncte *Marthe de Moustier*, avec demoiselle Marguerite Brosseau, *tous deux de cette paroisse*, demeurant ledit Renaudot rue de Seine, et ladite Brosseau rue du Bac, en présence de M° Simon de Bellineau, M° Martin Bouet, conseiller du roy. Et furent

(1) J'ai déjà cité plus d'une fois le très obligeant bibliothécaire de la Faculté de médecine de Paris. C'est, en effet, un de ceux à qui je dois le plus de ces particularités intimes de la vie de Renaudot, auquel il a consacré une brochure très substantielle. Dans des fouilles qu'il poursuit depuis de longues années en vue d'une histoire de la Faculté, le docteur Chéreau avait relevé tous les faits concernant mon héros, et il m'a abandonné avec le plus entier désintéressement le fruit de ses recherches, même les pièces encore inédites, comme ces deux-ci.

mariés le 18 dudit mois, les bans publiés auparavant, sans opposition. »

« Paroisse Saint-Louis-en-l'Isle. — Le 28 mai 1644, Isaac Renaudot, docteur en médecine de la Faculté de Paris, s'étant présenté devant nous, Louis de Guyard, docteur en théologie et curé de cette paroisse, nous aurait représenté que, l'année 1644, environ le mois d'avril, ayant voulu faire publier les promesses du futur mariage d'entre luy et demoiselle Marguerite Brosseau, Théophraste Renaudot, son père, se serait opposé à la publication desdits deux bans. C'est pourquoi nous avons refusé de passer outre au dit mariage. Ensuite de quoy se serait retiré vers le curé de Saint-Sulpice, en présence de qui il aurait contracté mariage ; mais, craignant que ledit mariage ne paraisse clandestin, il désirerait contracter mariage en notre présence. Ce qu'ayant consenti, et ledit Théophraste Renaudot ayant donné son autorisation, nous avons procédé à la célébration dudit mariage. »

Cette union si ardemment poursuivie ne paraît pas avoir été féconde, et Isaac, comme son aîné, ne laissa point d'enfants.

En revanche, Eusèbe n'en eût pas moins de quatorze, dont l'aîné fut le « docte abbé », le « cher Renaudot », à qui Boileau dédia sa douzième

épître, sur l'amour de Dieu. Nous venons de voir
que le second — des garçons du moins — succéda
à son oncle Théophraste dans le privilège de la
*Ga\etette*.

Né à Loudun le 21 février 1613, reçu docteur
le 16 février 1648, conseiller du Roi en ses conseils
et premier médecin du Dauphin, Eusèbe mourut
à Saint-Germain-en-Laye, le 19 novembre 1679.
Sa mort, ainsi que celle d'Isaac, se trouve consi-
gnée dans son journal, où elle l'a été très probablement par son fils aîné, qui en a fait suivre
la mention d'une courte oraison funèbre.

Mais revenons au père de cette remarquable
famille.

Jeanne Baudot paraît être morte vers 1640.
Après une dizaine d'années de veuvage, Renaudot, obéissant on ne sait à quel mobile, déterminé
peut-être par ces chagrins de famille auxquels
faisait allusion l'avocat de la Faculté, contracta
un nouveau mariage, qui, selon M. Chéreau,
aurait été le troisième; mais cette supposition repose uniquement sur la fausse déclaration faite
par Isaac au curé de Saint-Sulpice, et je la crois
inadmissible.

Quoi qu'il en soit, le 20 octobre 1651, le vieux
Théophraste, « historiographe de France », épousa

à Saint-Louis-en-l'Isle « damoiselle Louise de Mascon ». Un chroniqueur du temps, le père de la chronique, de la gazette rimée, Loret, entre, sur ce dernier mariage de Renaudot, dont ne parle aucune biographie, bien que la chose ne soit pas sans quelque importance, dans des détails qui me semblent de nature à offrir au lecteur un double intérêt.

> *Je ne devais pas oublier,*
> *Mais dès l'autre mois publier*
> *(Car c'est assez plaisante chose)*
> *Que le sieur Gazetier en prose,*
> *Autrement monsieur Renaudot,*
> *En donnant un fort ample dot,*
> *Pour dissiper mélancolie,*
> *A pris une femme jolie,*
> *Qui n'est encor qu'en son printemps,*
> *Quoiqu'il ait plus de septante ans.*
> *Pour avoir si jeune compagne,*
> *Il faut qu'il ait mis en campagne*
> *Multitude de ces louis*
> *Par qui les yeux sont éblouis;*
> *Car cette épouse étant pourvue*
> *D'attraits à donner dans la vue*
> *Des plus beaux et des mieux peignez,*
> *Ne l'a pas pris pour son beau nez* (1).

Cette union eut le sort de toutes celles contractées dans les mêmes conditions.

(1) *La Muse historique*, liv. II, lettre 52, du 31 décembre.

*Il faut dire ici quelque mot*
*De Théophraste Renaudot,*
*Homme d'esprit et d'importance,*
*Et le grand gazetier de France,*
*Qui, voulant au dieu des amours*
*Sacrifier ses derniers jours,*
*Ayant des ans soixante et douze,*
*Avait pris une jeune épouse*
*Qui n'avait pas valant cent francs,*
*Mais un beau corps, et des plus blancs,*
*Contenant, en plusieurs espèces,*
*Quantité d'aimables richesses.*
. . . . . . . . . . . . . . . . . . . . . . . . . . . .
*Les premiers jours du mariage*
*Sans noise, sans bruit, sans orage,*
*Coulèrent, sinon plaisamment,*
*Du moins assez paisiblement.*
*Au mari, froid comme une souche,*
*La femme n'était point farouche;*
*Renaudot, sans être jaloux,*
*Lui maniait souvent le poux.*
*(Et c'était là tout son possible,*
*N'étant pas d'ailleurs fort sensible.)*
. . . . . . . . . . . . . . . . . . . . . . . . . . . .
*Ces pauvres petits passe-temps*
*Durèrent tant soit peu de temps;*
*Mais enfin cette déesse orde*
*Que l'on nomme dame Discorde*
*Parmi leur hymên se fourra.*
. . . . . . . . . . . . . . . . . . . . . . . . . . . .
*A la fin leurs communs parents,*
*Ayant peur que leurs différends,*
*Après leur amitié détruite,*
*Eussent une éternelle suite,*
*Ont jugé très fort à propos*
*Qu'il les fallait mettre en repos;*

> *Si bien que, par leur entremise,*
> *Les messieurs de la cour d'église,*
> *En ayant été fort priés,*
> *Les ont enfin démariés* (1).

Nous trouvons dans la Bibliographie des Mazarinades, sous le titre de : *L'imprimerie à Renaudot sur son mariage*, l'indication d'un petit recueil de stances et sonnets composés à cette occasion.

Le pauvre Théophraste survécut peu à ce coup terrible. Il mourut le 25 octobre 1653.

Ecoutons encore, sur cette triste fin, ce brave Loret, qui tenait en grande estime son confrère le *gazetier en prose* :

> *Renaudot, le grand Gazetier,*
> *Dont le nez n'était pas entier,*
> *Mais disert historiographe,*
> *Et digne d'un bel épitaphe,*
> *Dimanche fut mis au tombeau,*
> *A la clarté de maint flambeau.*
> *Sentant en mon cœur quelque transe,*
> *A cause de la ressemblance*
> *De son métier avec le mien,*
> *Et pour faire acte de chrétien,*
> *Je conduisis son froid cadavre*
> *Jusqu'à son dernier port ou havre,*

(1) *La Muse historique*, liv. III, lettre 35, du 8 septembre 1652.

*Et là, pour son salut je dis*
*Dévotement De profundis.*
*La grande déesse emplumée*
*Qu'on appelle la Renommée*
*Eut l'œil humide, et non pas sec,*
*Quand la mort lui ferma le bec :*
*Il était un de ses trompettes,*
*Un de ses meilleurs interprètes,*
*Un de ses plus fameux agents,*
*Un de ses plus adroits régents,*
*Un des plus grands clercs de son temple,*
*Enfin un esprit sans exemple,*
*Qu'elle devait bien secourir,*
*Et non pas le laisser mourir.*
*Depuis que, par son peu de force,*
*Un fâcheux et triste divorce*
*Se mit entre sa femme et lui,*
*Rien ne consola son ennui ;*
*Sa santé fut toujours faiblette,*
*Il devint sec comme un squelette ;*
*Le jour on l'entendait gémir,*
*La nuit il ne pouvait dormir ;*
*Il sentait de rudes atteintes ;*
*Sa bouche était ouverte aux plaintes,*
*Il soupirait à tout propos.*
*Maintenant il est en repos,*
*Car on peut pieusement croire*
*Qu'il fit ici son purgatoire* (1).

Quand j'eus dans les mains le journal d'Eusèbe, ma première pensée fut de me reporter à la date de la mort de son père. Grande fut ma sur-

_______________

(1) Lettre du 1er novembre 1653.

prise de n'y pas rencontrer la mention d'un fait aussi mémorable pour la famille. Ce ne fut qu'en le feuilletant pour la troisième fois que je trouvai, à trois ans de là, à la suite des faits de 1656, ces trois lignes, écrasées au bas d'une page, et qui ne témoignent pas d'un amour filial excessif : « Le 25 octobre 1653 mourut, en sa *soixante-neuvième année, ou environ*, notre très cher père, Théophraste Renaudot, d'une maladie de quinze mois, ayant été enterré à Saint-Germain-l'Auxerrois, devant l'autel de la paroisse. »

Cette dernière circonstance est confirmée par la mention de son convoi sur les registres de cette église, mention ainsi conçue : « Du dimanche 26 octobre 1653, convoy de *trente prestres* de deffunct noble homme Théophraste Renaudot, vivant conseiller et médecin ordinaire du Roy, historiographe de Sa Majesté, intendant général des Bureaux d'adresse de France. Pris aux galleries du Louvre. »

Renaudot, en effet, habitait alors au Louvre, en sa qualité d'historiographe de France.

Voici, enfin, en quels termes dignes la *Gazette* annonce, dans son numéro du 1er novembre, la mort de son fondateur. On remarquera qu'elle n'est point d'accord, sur l'âge du défunt, avec Eusèbe, que je crois plus près de la vérité :

« Le 25 du mois dernier mourut, au quinzième mois de sa maladie, en sa soixante-douzième année, Théophraste Renaudot, conseiller médecin du roi, historiographe de Sa Majesté, d'autant plus recommandable à la postérité que, comme elle apprendra de lui les noms des grands hommes qu'il a employés en cette histoire journalière, on n'y doit pas taire le sien, d'ailleurs assez célèbre pour son grand savoir et la capacité qu'il a fait paraître durant cinquante ans en l'exercice de la médecine, et par les autres belles productions de son esprit, si innocentes que, les ayant toutes destinées à l'utilité publique, il s'est toujours contenté d'en recueillir la gloire. »

Cet éloge de l'honnêteté et du désintéressement de Renaudot est confirmé par le témoignage de son plus mortel ennemi, de Guy Patin, qui écrivait, dans une lettre du 12 novembre : « Le vieux Théophraste Renaudot mourut ici le mois passé, *gueux comme un peiutre* » ; ne craignant pas de se donner ainsi un éclatant démenti à lui-même et aux calomnies qu'il avait si laborieusement entassées contre le *gazetier*, comme il l'appelait dédaigneusement.

Tel fut Renaudot. « Homme singulier, surtout pour le temps, sincèrement ami du progrès, quoiqu'il ne fût pas lui-même ni sans préjugés, ni sans contradictions; esprit vraiment libéral, fourvoyé au milieu d'une époque de privilèges, et qui, pour cette raison, devait succomber tôt ou tard, mais auquel il semble que la postérité devait tenir un peu plus de compte de ce qu'il a tenté.....

« Il était venu au monde avec de rares qualités d'esprit et de caractère, qui lui eussent assuré un avenir brillant, quelque carrière qu'il eût embrassée. Beaucoup d'ambition, unie, quoi qu'en aient dit ses ennemis, à un grand fonds de probité; un esprit doué de plus de rectitude que d'élévation, mais, en revanche, merveilleusement inventif et industrieux, une souplesse extrême, une activité infatigable, aidée d'une santé de fer, firent de sa vie une des plus prodigieusement et des plus diversement occupées que l'on puisse imaginer (1). »

Qu'il nous soit permis de rappeler, en terminant, ce qu'il a donné à la France.

(1) *Les Médecins au temps de Molière*, par Maurice Raynaud, docteur en médecine, docteur ès lettres, un rare esprit, trop tôt enlevé à la science et aux lettres.

Nous lui devons la publicité dans ses formes
essentielles :

Notre premier journal politique, la *Gazette* ;

Notre premier journal industriel, les *Petites
Affiches* ;

Deux créations assises, dès leur naissance, sur
des bases assez solides pour qu'elles aient fourni
une carrière de deux siècles et demi déjà, et dont
le terme ne paraît pas être proche.

Ajoutez-y le premier Recueil scientifique, organe de la première académie des sciences.

Ajoutez-y encore le premier Office de renseignements.

Nous lui devons le premier Bureau de placement.

Nous lui devons notre premier Hôtel des ventes, et notre premier Mont-de-Piété.

Nous lui devons enfin notre premier Dispensaire
et le premier Laboratoire public de chimie, deux
établissements fondés par lui — et entretenus à ses
frais — pour le soulagement des pauvres malades,
auxquels il prodigua, toute sa vie, avec le désintéressement le plus complet, et ses conseils, et ses
soins, et sa bourse.

Comment donc, je ne saurais assez le répéter,
comment a-t-il pu se faire que la mémoire d'un
pareil homme de bien attende encore, après deux

siècles et demi, la justice qui lui est due, quand
ses conceptions ont toutes reçu du temps une écla-
tante sanction, quand les germes qu'il avait déposés
dans les Bureaux d'adresse ont si merveilleusement fructifié, quand le journal, enfin, est devenu
ce qu'il est, et dans un siècle où les statues sor-
tent si facilement de terre?

Un tel oubli ne saurait rester éternellement sans
réparation. Espérons donc que l'heure de la justice ne tardera pas à sonner pour ce digne Renaudot; j'oserais presque dire qu'il y va de l'honneur
non seulement de son pays natal, mais de tous
ceux à qui profitent ses *innocentes inventions*,
c'est-à-dire de tout le monde.

VI

# BIBLIOGRAPHIE

# BIBLIOGRAPHIE

---

*ŒUVRES DE RENAUDOT*

*Description d'un médicament appellé* Polychreston, dispensé publiquement par Iaques Boisse,
Maistre Apotiquaire en la ville de Loudun, le
4 décembre 1619. — Avec la Harangue faite sur
ce subiect par Théophraste Renaudot, Docteur en Médecine, Conseiller et Médecin du
Roy, devant Messieurs les Députez des Églises
refformées de ce royaume, assemblez à Loudun
par permission de Sa Maiesté. — Dédiée à Messieurs de l'Assemblée. — *A Loudun*, par Quen-
tin Mareschal, dit La-barre, 1619. (In-12 de
40 p., avec fleurons et lettres ornées.)

C'est le seul que j'aie trouvé des « livres » sur les matières médicales que Renaudot nous a dit (p. 8) avoir publiés
à Loudun.

Il s'agit d'une de ces merveilleuses panacées, comme on
en voit encore tous les jours — dans les réclames des jour-

naux. La description en est en latin. De la harangue de Renaudot, qui occupe la plus grande partie de la brochure, nous ne citerons que l'exorde :

« Messieurs, ce que l'homme est au monde, la teste en l'homme, l'œil en la teste, les sciences le sont en l'entendement, la médecine l'est ès-science, et le remède dont nous allons traitter en la médecine....

« Entre les médicaments nous en avons choisi un nommé *polychreston,* mot grec qui signifie autant comme très-bon et utile à beaucoup de choses, et l'avons choisi non seulement pour les rares propriétez qui se trouvent encor plus véritablement en lui que son nom ne le témoigne, mais aussi pour ce qu'ayant esté trouvé depuis quinze ou vingt ans en ça seulement, sa composition peut être appellée nouvelle, et qu'il est originaire de ce païs, son invention estant due à l'industrie et soigneuse et docte expérience des médecins de Poictiers, du voisinage desquels cette ville se sent honorée. Eux donc, voyant le peuple affligé de maladies rebelles à tout autre remède, telles que sont la paralysie, le tournoyment, l'apoplexie, le mal caduc, la melancholie, les catharres et deffluctions, la toux, la colique, le calcul, la suffocation de mere, les maladies contagieuses, les fièvres, les gouttes, et infinies autres, d'un commun consentement composèrent ce remède icy, pour y avoir recours comme les Troyens à leur palladium, les Druides à leur guy, les Mariniers à leur anchre sacrée... »

Si l'on rapproche cette pièce du Mémoire adressé par Renaudot, vers la même époque, à la Faculté de médecine de Poitiers (*suprà,* p. 18), on verra à quel point il vénérait en quelque sorte les gros bonnets de la capitale du Poitou.

*Oraison funèbre pour Monsieur de Sainte-Marthe,* décédé à Loudun le 29 mars 1623. — Prononcée au Palais le mercredi ensuivant, 5ᵉ jour d'avril, en présence des officiers et autres notables personnes dudit lieu. — Par Jean Cesuet, estudiant chez Théophraste Renaudot, Docteur en médecine, Conseiller et Médecin du Roy. — Dédiée à Monseigneur le Président Chevallier. — *A Saumur,* pour B. Mignon, 1623. — In-4°.

J'ai eu occasion, dans le cours de mon récit (p. 21), de parler de cette Oraison funèbre, qui paraît avoir eu un certain retentissement. Je n'en connaissais alors, comme Dreux du Radier, que l'édition de Paris, 1629, qui se trouve dans le *Tumulus Sammarthani.*

Depuis, j'ai eu la bonne fortune de trouver cette édition de Saumur, qui est assurément l'édition *princeps.* Ce qui m'en a tout d'abord frappé, c'est ce nom de Cesvet, qui ne se voit plus dans le titre de l'édition de 1629, et qui figure ici de telle façon qu'on pourrait le prendre pour celui de l'auteur de cette Oraison funèbre, tandis qu'il n'en fut, selon ce qu'on peut conjecturer de plus vraisemblable, que le lecteur.

L'auteur, en effet, c'est, à n'en pouvoir douter, Théophraste Renaudot, comme le porte, d'ailleurs, l'édition de Paris. La dédicace est signée de lui, et elle est suivie de petites pièces de vers, français et latins, à sa louange.

Voici la plus significative de ces épigrammes, comme on disait alors :

A Monsieur Renaudot

*Du beau soleil que tu r'allume*
*Te naist ce los tant mérité*
*Que tes labeurs, tes mains, ta plume,*
*Dédient à l'immortalité.*
*Comme tes labeurs nous ravissent,*
*Ton stile ne peut s'imiter,*
*Et comme tes mains nous guérissent,*
*Ta plume fait ressusciter.*

La Fuye Ferron,

advocat en Parlement.

Les autres ne sont pas moins louangeuses, et, à en juger par la suivante, ce n'est pas sans quelque impatience qu'on attendit à Loudun l'impression de cette superbe Oraison.

In dilationem impressionis hujus elogii *quo Manibus D. Scævolæ Sammarthani D. Theophrastus Renaudotius tam ritè parentavit.*

Epigramma

*Ergone perpetuas patietur charta tenebras,*
*Proh scelus ! innumeros vivere nata dies !*
. . . . . . . . . . . . . . . . . . . .
*Imo age, rumpe moras, et eodem nomine vive*
*Cum Sammarthano sæcula longa tuo.*

P. Carreus *Iulodunensis,*

*Causarum patronus.*

Les deux autres épigrammes françaises sont signées : La Roche d'Oisseau, selon lequel il n'appartenait qu'à Renaudot de publier la gloire de Sévole ; et Jac. le Blanc, advocat, qui s'écrie :

*Sont-ce véritez ou bien charmes*
*Qui font voir à cette cité*
*Par l'éloquence de ses larmes*
*Son Scévole ressuscité ?*

*Ceste facun de sans pareille*
*Et tant d'éloges méritez*
*Ravissent l'âme par l'oreille*
*De charmes et de véritez.*

A la suite de l'Oraison funèbre viennent de nombreuses strophes, françaises et latines, sur le décès de Sainte-Marthe, signées : Theophrastus Renaudotius, Consiliarius et Medicus regius ; Ludovicus Ferronius, in sup. sen. patr. ; Malherbe, avocat ; P. Carré, avocat ; Leonardus Bulengerus Iuliod ; La Roche-d'Oisseau ; Daniel Ferron, Loudunois ; Petrus Dumusterius ; Petrus Burlerius ; et enfin, pour un distique latin, Ioannes Cesuetus, cet élève de Renaudot qui figure en si belle place sur le titre.

Ces fioritures, qui, ici, précèdent et suivent le Discours, ne se retrouvent point dans l'édition de 1629, non plus que le nom de Cesvet.

De l'Oraison funèbre elle-même, je me bornerai à citer l'exorde, qui ne manque pas d'habileté :

« Scévole, en une de ses odes adressée aux cendres de Ronsard, cette autre merveille de la France, se trouve grandement empêché d'où il pourra commencer le los de la Touraine, qui les contient.

« Les douces amorces du lieu de ma naissance, qui est

honoré de la sienne, m'excuseront envers vous, Messieurs,
si je dy de mesme de ce pay, et sy je doute, après lui, d'où
notre ville doit tirer principalement sa gloire; car la fer-
tilité de sa terre, la pureté de son air, l'honneur qu'elle a
d'avoir été nommée et bastie par le plus grand capitaine
des Romains, duquel il semble que sa jeunesse, née à tous
les exercices de la paix et de la guerre, emprunte sa grâce
et son adresse, sont bien des avantages qui la relèvent au-
dessus des autres villes (1). Mais d'avoir souvent orné de
beaux esprits les cours souveraines de ce royaume, donné
de sages conseillers à nos rois, et au public des œuvres
immortelles, ce sont là, Messieurs, des prérogatives non
vulgaires, et qui tiennent en suspends le mérite des autres.
La foule de tant de grands personnages qui reconnaissent
ce pays pour le leur n'en permet pas le dénombrement »,
qui n'en suit pas moins, et que couronne le grand nom de
Sainte-Marthe.

J'ai fait toutes ces citations, de prose et de vers — et de
noms propres — en considération des Loudunois, qu'elles
m'ont semblé devoir intéresser à plus d'un point de vue.
Elles montrent combien les lettres étaient alors en honneur
dans leur ville, et aussi, ce qui me touche particulièrement,
en quelle haute estime Renaudot était tenu dès lors par
ses compatriotes.

(1) Le même éloge se rencontre, en termes presque
identiques, dans l'Oraison funèbre du même Scévole prononcée le 11 septembre 1623, dans l'église de Saint-Pierre de
Loudun, par Urbain Grandier, alors curé de cette paroisse:
« Sainte-Marthe vit le jour dans cette ville de Loudun, à
l'honneur de laquelle je puis dire que, par la benignité
de son ciel et fécondité de son sol, elle porte des corps
bien faits et des esprits encore meilleurs. »

Entre ces deux productions, il faut placer le *Traité touchant le soin des pauvres*, que j'ai mentionné p. 21, d'après Dreux du Radier, mais que je n'ai pu rencontrer. Il dut paraître en 1622, à Loudun, où, dans tous le cas, il fut composé.

*Éloge d'Armand Jean du Plessis, cardinal de Richelieu. S. l. n. d., in-4°.*

Signé : Théophraste Renaudot, Médecin du Roy et Commissaire général des pauvres de ce royaume. La première page est ornée d'un portrait de Richelieu, qui fournit à l'auteur une facile entrée en matière.

« Cette taille-douce, tirée au vif sur le cuivre, est l'emblême de la douce gravité et vivacité d'esprit, jointe au solide jugement de celuy qu'elle nous représente, mais au grand desavantage de l'art, qui se confesse vaincu par la nature, et ne trouve pas moins impossible d'imiter avec le burin le brillant éclat de ses yeux, et l'agréable port de son visage, que de ranger dans cette feuille sa vie, l'ample matière d'un juste volume... »

*Abrégé de la vie et de la mort de Henri de Bourbon, prince de Condé. 1646, in-4.*

*La Vie et la mort du maréchal de Gassion. 1647, in-8°.*

*La Vie de Michel de Mazarin, cardinal de Sainte-Cécile. 1648.*

Mais le plus gros du bagage littéraire de Renaudot, c'est la *Gazette* — qu'il rédigea pendant vingt-trois ans —

7**

avec ses nombreuses annexes, sans compter une foule
d'écrits, polémiques et autres, qui en étaient une émana-
tion, et dont quelques-uns représentent la valeur d'un volume, comme, par exemple, celui dont j'ai parlé p. 131, la

*Response de Théophraste Renaudot*, Conseiller
et médecin du Roy, Maistre et intendant général
des Bureaux d'adresse de France, et Historiographe de Sa Majesté, à l'auteur du libelle intitulé : *Avis du Gazetier de Cologne à celui de
Paris. — Response des peuples de Flandre au
donneur d'avis françois,* et *Réfutation du Cor-
rectif des ingredients,* etc. Du Bureau d'adresse,
1648.

In-4° de 176 pages, avec cette épigraphe : *Non
fumum ex luce, sed ex fumo dare lucem !*

J'ai déjà cité de ce long factum, où sont débattues une
foule de questions intéressant l'histoire du temps, un curieux passage où Renaudot nous apprend que les gazettes
étrangères circulaient dès lors à Paris, et s'y vendaient
concurremment avec la sienne. Il dit encore, en s'adressant
à son adversaire : « Je vous confesse que je reçois vos
gazettes, comme celles de toutes les autres parties du
monde où l'on en fait aujourd'hui, presque toutes à mon
exemple, mais avec cette différence que quelques-unes me
servent d'instruction, le reste de divertissement et de risée,
notamment les vôtres. »

On peut ranger parmi les écrits polémiques de Renaudot, mais dans un autre ordre d'idées, les factums ayant
trait à sa querelle avec la Faculté de médecine de Paris, et

je crois faire une chose utile en en donnant ici la liste —
de ceux du moins dont j'ai eu connaissance, et en en rap-
prochant ceux de ses adversaires, qui en sont la contre-
partie. On était alors au fort de la lutte entre l'école
ancienne et l'école moderne, entre la vieille médecine et la
médecine spagirique ou chimique, et, sous ce rapport, ces
factums, bourrés de dissertations médicales, offrent, pour
l'histoire de la médecine, un intérêt que je n'ai pu qu'en-
trevoir, mais qui mériterait assurément de fixer l'attention d'un spécialiste. Je ne doute pas, par exemple, que le
savant professeur d'histoire de la Faculté de médecine de
Paris, M. Laboulbène, qui, en 1880, a consacré à cette lutte
homérique quelques-unes de ses leçons, où il s'est plu
à « mettre en présence les grandes figures de Renaudot et
de Guy Patin, en les plaçant dans le milieu où elles ont
rayonné », n'y trouvât matière à plusieurs autres et non
moins intéressantes conférences.

Rappelons que cette querelle fameuse, demeurée longtemps à l'état latent, éclata en 1640, à propos des consultations gratuites ; qu'arrêtée presque aussitôt par Richelieu,
elle recommença plus violente après sa mort, et ne fut
terminée que le 1er mars 1644, par l'arrêt du Parlement que
l'on sait.

*Les Consultations charitables* pour les malades.
Dédié à Monseigneur Des Noyers, secrétaire
d'Etat. 1640, in-4º.

— *Avertissement à Théophraste Renaudot*, contenant les Mémoires justificatifs des droits et privilèges de la Faculté de médecine de Paris (par
Riolan). 1641, in-4º.

*Remarques sur l'Avertissement* à maistre Théophraste Renaudot, porté à son auteur par Machurat, compagnon imprimeur. 1641, in-4°.

*Le grand Merci de Machurat*, compagnon d'imprimerie, à l'auteur de l'Avertissement à maistre Théophraste Renaudot. 1641, in-4°.

— *La Défense de la Faculté de médecine de Paris* contre son calomniateur (par Moreau). 1641, in-4°.

*Réponse de Théophraste Renaudot au libelle contre les Consultations charitables* pour les pauvres malades. 1641, in-4°.

*Factum du procès* d'entre Théophraste Renaudot, Docteur et Médecin du Roy, Commissaire général des pauvres du royaume, Maître et intendant des Bureaux d'adresse, demandeur en requête, présenté au Conseil privé du Roy, le 30 d'octobre 1640, contre le Doyen... In-4°.

*Factum de l'instance* de Théophraste Renaudot, Docteur en médecine de la Faculté de Montpellier,... appelant d'une sentence du lieutenant civil, donnée par défaut, et demandeur en Lettres patentes du 7 décembre ; contre les Doyens et Docteurs.... S. d., in-4°.

*Factum de l'instance* d'entre Théophraste Renaudot, demandeur en rapport d'arrêt. S. d.,
in-4°.

*Requête présentée à la Reyne* par Théophraste
Renaudot en faveur des pauvres malades de ce
royaume. S. d., in-4°.

— *Examen de la Requête* présentée à la Reyne
par le Gazettier. 1643, in-4°.

Par Guy Patin, comme je l'ai dit, p. 173, et comme le
prouve surabondamment cet article des *Expensa* du décanat de Michel de la Vigne : « Initio mensis novembris
1643, dedi Magistro Guidoni Patin, censori, pro trecentis
et amplius exemplaribus *Examinis libelli supplicis* a Gaze-
tario porrecti Reginæ, triginta octo libras et quindecim
asses... xxxviii l. xv s. »

*Réponse à l'Examen de la Requête* présentée à la
Reyne par maistre Théophraste Renaudot,
portée à son auteur par Machurat. 1644, in-4°.

— *Requête de la Faculté de médecine de Paris*
contre Renaudot et autres soi-disant Docteurs
de Montpellier. 1643, in-4°.

Enfin un factum sans titre, mais avec la date de 1643,
et commençant par ces mots : « Le procès entre les Doyens
et Docteurs régents en la Faculté de médecine de Paris et
Théophraste Renaudot..... ».

Sur l'issue de cette lutte si inégale, issue dont les avocats de la Faculté égayèrent les tristesses par leurs grossières plaisanteries, les curieux pourront lire les pièces suivantes, que la Compagnie triomphante se hâta de publier :

*Arrêt de la Cour de Parlement*, avec les plaidoyers de l'avocat général Talon et des avocats.

*Magistri Michaelis de la Vigne*, doctoris medici et Facultatis parisiensis decani, *Orationes* düæ, quarum prior apud propprætorem urbanum, die ix decembris 1643, posterior in frequenti Senatu kalendis martiis 1644, adversus Theophrastum Renaudot, gazettarium, medicum Monspeliensem, et omnes medicos extraneos Lutetiæ Parisiorum medicinam illicitè jactantes. 1644, in-4°.

V. p. 188. — On peut encore consulter un *Recueil de plaidoyers notables* de plusieurs anciens et fameux avocats, 1644, in-8°.

Presque toutes ces pièces se trouvent à la Bibliothèque nationale; M. Chéreau en possède aussi quelques-unes.

# TABLE

# TABLE

—

# III

## LE PUBLICISTE

# IV

## LE MÉDECIN



# V

## L'HOMME

# VI

## BIBLIOGRAPHIE



FIN DE LA TABLE.

POITIERS. — IMPRIMERIE OUDIN.